КОРПОРАТИВНИЙ ЕТИКЕТ

Як завжди бути професіоналом і душею компанії

Ця книга — ваш незамінний гід у світі корпоративного етикету та побудови бездоганного професійного образу. Дізнайтеся, як ефективно спілкуватися, зберігати повагу в колективі та вирішувати конфлікти з гідністю. Поради щодо підготовки до зустрічей, дотримання дрес-коду та створення міцних стосунків із колегами та клієнтами допоможуть вам досягти успіху. Відкрийте секрети натхнення команди, збереження позитивного настрою та перетворення себе не лише на надійного співробітника, а й на душу свого робочого колективу.

Віта Костюк

Copyright © 2024 Vita Kostiuk

All rights reserved.

ISBN: 9798301131479

Зміст

Вступ ... 4
    Навіщо потрібен корпоративний етикет
    Вплив етикету на кар'єрний ріст і командну роботу

1. **Образ професіонала** ... 9
    Упевненість без зарозумілості
    Відповідальність і пунктуальність
    Уміння слухати та бути емпатом

2. **Комунікація на робочому місці** ... 23
    Основи професійного спілкування
    Як правильно давати та приймати критику
    Мистецтво написання електронних листів і повідомлень

3. **Субординація** ... 38
    Основні правила субординації
    Субординація та спілкування в колективі

4. **Робота в команді** ... 42
    Повага до колег
    Як стати підтримуючим членом команди
    Розв'язання конфліктів професійно

5. **Етикет на зустрічах і презентаціях** ... 56
    Підготовка та поведінка під час ділових переговорів
    Поради щодо публічних виступів і протоколу
    Як проявити ініціативу без нав'язливості

6 **Дрес-код і зовнішній вигляд** 71
   Як одягатися доречно для різних випадків
   Охайність як частина іміджу

7 **Корпоративні заходи та неформальне спілкування** 82
   Правила поведінки на тімбілдингах та святах
   Як знайти баланс між дружелюбністю та професіоналізмом

8 **Робота з клієнтами та партнерами** 87
   Основи ввічливості у ділових відносинах
   Як будувати довготривалі партнерства

9 **Дистанційна робота та онлайн-етикет** 96
   Як залишатися професіоналом у віртуальному середовищі
   Норми відеодзвінків і онлайн-спілкування

10 **Як бути душею компанії** 103
   Секрети харизми на роботі
   Уміння надихати та підтримувати командний дух
   Збереження позитивного настрою за будь-яких обставин

11 **Висновок** 114
   Особистий етикет як ключ до професійного успіху
   Створення комфортної та шанобливої атмосфери

ВСТУП

Світ сучасного бізнесу змінюється з шаленою швидкістю, і вимоги до працівників стають дедалі суворішими. Сьогодні недостатньо бути фахівцем у своїй галузі; важливо вміти взаємодіяти з колегами, працювати в команді, будувати міцні ділові відносини та залишати позитивне враження. Саме в цьому й полягає сила корпоративного етикету.

Ця книга — не про сухі правила чи застарілі формальності. Вона про те, як знайти баланс між професійністю та людяністю, як створювати комфортне середовище для себе та інших, залишаючись при цьому собою. Ми поговоримо про те, як ваша поведінка може стати ключем до успіху, допомогти досягати кар'єрних цілей і зробити вас тією людиною, яку цінують і поважають у колективі.

Корпоративний етикет — це не лише про те, що ви робите, але й як ви це робите. Це ваше ставлення до роботи, колег і компанії загалом. Правильний підхід відкриває двері до нових можливостей і створює міцний фундамент для довгострокового успіху.

У цій книзі ви знайдете прості та практичні поради, які допоможуть вам завжди залишатися професіоналом і, водночас, душею компанії. Адже справжній успіх — це коли люди поруч цінують вас не лише за ваші навички, а й за те, ким ви є.

Корпоративний етикет є основою професійної поведінки, яка дозволяє ефективно взаємодіяти з колегами, клієнтами та партнерами. Він регулює не лише зовнішній вигляд чи манери, але й комунікацію, емоційну взаємодію та дотримання культурних і професійних норм. Корпоративний етикет потрібен для створення гармонійного робочого середовища, що сприяє індивідуальному та колективному успіху.

Переваги корпоративного етикету

1. **Створення професійного іміджу:**
   Етикет допомагає формувати позитивне перше враження, яке є ключовим для побудови довгострокових відносин. Це враження базується на вашому одязі, манері спілкування та здатності слухати й реагувати відповідно до ситуації.

2. **Підтримка ділових стосунків:**
Дотримання правил етикету дозволяє уникати непорозумінь та підтримувати стабільні й довірливі відносини з клієнтами, колегами та керівництвом.

3. **Репутація компанії:**
Співробітники, які дотримуються корпоративного етикету, є обличчям компанії. Їхня поведінка прямо впливає на репутацію організації серед партнерів і клієнтів.

Вплив етикету на кар'єрний ріст

Кар'єрний ріст залежить не тільки від вашої кваліфікації, а й від того, як ви взаємодієте з людьми та адаптуєтесь до робочого середовища.

1. **Вирізнення серед колег:**
Ті, хто демонструє професіоналізм і ввічливість, частіше отримують довіру керівництва й мають більше шансів на просування по службі. Наприклад, людина, яка вміє дотримуватись конфіденційності та поважати особисті межі, отримує додаткові обов'язки й відповідальність.

2. **Підвищення впевненості:**
Дотримуючись етикету, ви почуваєтесь упевненіше у взаємодії з колегами та керівництвом. Це дозволяє вам ефективно презентувати свої ідеї, захищати свої рішення та проявляти лідерські якості.

3. **Мережа контактів:**
Корпоративний етикет допомагає будувати професійні зв'язки. Люди частіше довіряють і підтримують тих, хто ввічливий, надійний і тактовний.

Етикет і командна робота

Ефективна командна робота неможлива без дотримання певних норм поведінки. Ввічливість, повага та професіоналізм створюють середовище, де кожен член команди відчуває свою цінність і значимість.

1. **Комунікація:**
Коректна мова й активне слухання сприяють кращому розумінню між колегами. Уникаючи агресії чи неуважності, ви допомагаєте команді працювати злагоджено.

2. **Розподіл обов'язків:**
Уважне ставлення до колег дозволяє чітко

визначати ролі в команді й уникати непорозумінь. Коли всі знають свої завдання й дотримуються обіцянок, робота виконується ефективніше.

3. **Вирішення конфліктів:**
Етикет дозволяє вирішувати конфлікти спокійно й конструктивно. Наприклад, обговорення проблем без звинувачень чи сарказму допомагає знайти спільне рішення, яке задовольнить усіх.

4. **Підтримка мотивації:**
Доброта й увага до успіхів інших допомагають зміцнити командний дух. Простий комплімент чи подяка за виконану роботу можуть підняти настрій і стимулювати до нових звершень.

Корпоративний етикет — це ключовий інструмент для побудови успішної кар'єри та створення ефективної команди. Він допомагає вам виділятися серед інших, формує довіру й позитивний імідж, полегшує вирішення конфліктів і сприяє побудові комфортного робочого середовища. Дотримуючись етикету, ви не лише допомагаєте собі, а й робите внесок у загальний успіх вашої компанії.

1. ОБРАЗ ПРОФЕСІОНАЛА

Що таке образ професіонала?

Образ професіонала — це сукупність якостей, манер, поведінки, зовнішнього вигляду та професійних навичок, які створюють враження про людину як компетентного та надійного спеціаліста. Цей образ формується через те, як людина виконує свої обов'язки, взаємодіє з іншими, приймає рішення та реагує на виклики. Він є ключовим елементом успішної кар'єри, адже від нього залежить довіра колег, клієнтів і керівництва.

Основні складові образу професіонала

1. **Компетентність та експертність**

    - Професіонал володіє знаннями й навичками, необхідними для своєї роботи.
    - Він не лише знає теорію, а й уміє застосовувати її на практиці.
    - Постійне навчання та розвиток є частиною його життя.
    Компетентність викликає довіру: якщо людина демонструє глибоке розуміння своєї сфери, до неї звертаються за порадою та підтримкою.

2. **Етичність та професійні цінності**

    - Професіонал дотримується етичних норм: чесність, прозорість і

справедливість є його невід'ємними принципами.
- Він не йде на компроміси з моральними цінностями навіть у складних ситуаціях.
- Повага до інших — основа його поведінки, незалежно від ролі співрозмовника чи обставин.

3. **Пунктуальність та відповідальність**

    - Вчасне виконання завдань свідчить про організованість і повагу до часу інших.
    - Відповідальний професіонал не боїться брати на себе зобов'язання та чітко виконує їх.
    - Він уважний до деталей, передбачає можливі ризики й працює на результат.

4. **Зовнішній вигляд та стиль**

    - Зовнішність професіонала повинна відповідати стандартам його галузі. Це не лише про стиль одягу, а й про доглянутість, охайність і відповідність ситуації.
    - Одяг, зачіска, аксесуари чи навіть парфуми створюють перше враження, яке може працювати на користь або, навпаки, проти людини.
    - Універсальне правило: «Одягайтесь так, як хотіли б, щоб вас сприймали».

5. **Ефективна комунікація**

    o Професіонал володіє вмінням чітко висловлювати свої думки, доносити ідеї та аргументи.
    o Він уважний слухач: дає співрозмовнику можливість висловитись, не перебиває та демонструє зацікавленість.
    o Тон, стиль і слова завжди відповідні до ситуації, без зайвої агресії чи фамільярності.

6. **Емоційний інтелект**

    o Уміння контролювати свої емоції дозволяє зберігати професіоналізм навіть у стресових ситуаціях.
    o Емпатія допомагає розуміти почуття інших, будувати довірливі стосунки й уникати конфліктів.
    o Професіонал вміє залишатися спокійним, зібраним і конструктивним навіть тоді, коли ситуація виходить з-під контролю.

7. **Самопрезентація**

    o Як людина говорить про свої досягнення чи представляє себе в колективі — це теж частина образу.
    o Професіонал уміє підкреслити свої сильні сторони, не вдаючись до перебільшень чи хвастощів.
    o Адекватна самопрезентація викликає повагу та довіру до вас як до спеціаліста.

8. **Культурний та емоційний баланс**
    - Успішний професіонал не лише дотримується правил етикету, а й проявляє культуру спілкування у всьому: від мовлення до поведінки.
    - Він зберігає баланс між професійним і особистим, не змішуючи одне з іншим.
    - Поважає культурні особливості та індивідуальність кожного члена команди.

Чому образ професіонала важливий?

Образ професіонала — це не просто те, як вас сприймають. Це ваш «бренд» у робочому середовищі, який формує вашу репутацію. Хороший образ відкриває двері до нових можливостей, підвищує довіру з боку колег, клієнтів і партнерів та сприяє кар'єрному росту.

Працювати над образом професіонала — це безперервний процес самовдосконалення. Адже у світі, де кожна деталь має значення, саме гармонія знань, поведінки та людяності визначає, чи станете ви прикладом справжнього професіоналізму.

Упевненість без зарозумілості як невід'ємна частина образу професіонала

Упевненість без зарозумілості — це баланс між впевненим знанням своїх можливостей і повагою до інших.

Це якість, яка допомагає професіоналу діяти рішуче, приймати рішення і справлятися з викликами, не створюючи враження самовдоволеності чи зверхності.

Що таке впевненість?

Впевненість — це внутрішня сила, яка базується на:

- Знаннях і досвіді. Людина розуміє, що вміє і знає, як застосувати ці навички.
- Здатності діяти у складних ситуаціях. Впевнений професіонал приймає рішення без страху помилок і готовий нести відповідальність за свої дії.
- Усвідомленні власної цінності. Це не лише про професійні вміння, а й про людські якості, які допомагають взаємодіяти з іншими.

Як впевненість відрізняється від зарозумілості?

Впевненість — це переконаність у своїх силах, яка мотивує досягати результатів і допомагає будувати довірливі стосунки.

Зарозумілість — це надмірна самовпевненість, що часто супроводжується зневагою до інших. Вона створює враження, ніби людина вважає себе кращою за інших, що негативно впливає на стосунки в команді та на професійну репутацію.

Основні відмінності:

Впевненість	Зарозумілість
Поважає думки інших	Ігнорує думки інших
Відкрита до зворотного зв'язку	Вважає, що помилок у неї немає
Приймає відповідальність	Звинувачує інших у невдачах

Чому впевненість без зарозумілості важлива?

1. **Створює довіру.** Людина, яка спокійно і впевнено висловлюється, але залишається відкритою до інших, викликає довіру та повагу.
2. **Сприяє продуктивній співпраці.** Колеги охоче працюють із тими, хто впевнений у собі, але не нав'язує своїх поглядів зверхньо.
3. **Допомагає розв'язувати конфлікти.** Упевненість дає змогу відстоювати свою позицію, не провокуючи агресії чи образ.

Як розвивати впевненість без зарозумілості?

1. **Зосередьтеся на фактах.** Аргументуйте свою думку конкретними прикладами чи результатами.
2. **Приймайте критику.** Вміння вислухати зауваження та працювати над помилками підкреслює вашу зрілість.
3. **Слухайте інших.** Навіть якщо ви впевнені у своїй правоті, дайте можливість висловитися іншим. Це зміцнює командний дух.

4. Не бійтеся визнавати помилки. Це не послаблює вашу позицію, а навпаки, демонструє вашу чесність і здатність до саморефлексії.

Упевненість без зарозумілості як частина образу професіонала

Ця якість формує позитивний імідж спеціаліста, який не лише досягає успіху, а й надихає інших. Професіонал із впевненістю без зарозумілості здатен:

- Вести за собою команду.
- Бути прикладом для інших.
- Встановлювати міцні стосунки з колегами, клієнтами та партнерами.

Саме ця риса допомагає підтримувати баланс між професіоналізмом і людяністю, що є основою успіху в сучасному робочому середовищі.

Відповідальність і пунктуальність як невід'ємна частина образу професіонала

Відповідальність і пунктуальність є основоположними рисами професійної поведінки. Вони демонструють зрілість, надійність і повагу до часу, ресурсів та зобов'язань, що формують довіру і підсилюють репутацію як у робочому середовищі, так і за його межами.

Що таке відповідальність?

Відповідальність — це здатність брати на себе зобов'язання, виконувати їх і приймати наслідки своїх дій. Вона проявляється у таких аспектах:

1. **Виконання обов'язків.** Людина робить усе можливе, щоб виконати поставлене завдання якісно та вчасно.
2. **Прогнозування наслідків.** Відповідальний професіонал розуміє, як його рішення впливають на загальний результат і на інших людей.
3. **Прийняття помилок.** Вміння визнавати свої помилки і працювати над їх виправленням свідчить про зрілість.

Що таке пунктуальність?

Пунктуальність — це здатність дотримуватися визначених термінів і приходити вчасно. Вона демонструє:

- **Організованість.** Пунктуальний працівник планує свій час, враховуючи всі обставини.
- **Повага до інших.** Запізнення сприймається як зневага до чужого часу.
- **Дисциплінованість.** Дотримання графіку показує відповідальне ставлення до роботи.

Чому відповідальність і пунктуальність важливі для професіонала?

1. **Формування довіри.** Люди охоче співпрацюють із тими, хто виконує обіцянки і вчасно завершує роботу.
2. **Ефективність команди.** Відповідальність кожного працівника забезпечує стабільність і синхронність роботи всієї команди.
3. **Зменшення стресу.** Коли професіонал організований і виконує свої обов'язки, це сприяє спокійній робочій атмосфері.
4. **Кар'єрний розвиток.** Керівники цінують працівників, які беруть ініціативу та дотримуються дедлайнів.

Як розвивати відповідальність і пунктуальність?

1. **Плануйте час.** Використовуйте календарі, списки завдань і нагадування.
2. **Розставляйте пріоритети.** Починайте з найважливіших і найскладніших завдань.
3. **Не відкладайте роботу.** Прокрастинація часто стає причиною невчасного виконання завдань.
4. **Враховуйте ризики.** Завжди плануйте запас часу на випадок непередбачених обставин.
5. **Завжди інформуйте про зміни.** Якщо виникають труднощі, які заважають виконати обов'язки вчасно, повідомте про це заздалегідь.

Як відповідальність і пунктуальність створюють образ професіонала?

1. **Репутація надійної людини.** Професіонал, на якого можна покластися, завжди отримує повагу колег і керівництва.
2. **Приклад для інших.** Ваша відповідальність мотивує інших членів команди діяти так само.
3. **Повага до клієнтів.** Пунктуальність і відповідальність підвищують рівень довіри та задоволеності клієнтів.
4. **Професійний ріст.** Люди, які постійно дотримуються своїх зобов'язань, швидше досягають кар'єрних цілей.

Відповідальність і пунктуальність у дії

Бути відповідальним і пунктуальним — це не просто виконання вимог. Це означає дотримуватися обіцянок, ставитися до роботи із серйозністю та повагою, а також розуміти, що кожен ваш крок впливає на загальний результат.

Професіоналізм завжди починається з дрібниць: вчасно прийти на зустріч, завершити завдання до дедлайну, виконати обіцянку. Це формує основу для вашої репутації, на яку будуть орієнтуватися колеги, партнери та клієнти.

Уміння слухати та бути емпатом як невід'ємна частина образу професіонала

Вміння слухати та проявляти емпатію є важливими складовими професійного спілкування. Вони сприяють встановленню довіри, розумінню потреб інших і ефективному вирішенню робочих питань. Ці якості формують позитивний імідж професіонала, який не лише виконує свою роботу, а й будує здорові стосунки з колегами, клієнтами чи партнерами.

Що таке вміння слухати?

Слухати — це більше, ніж просто чути слова. Це означає зосереджувати увагу на співрозмовнику, розуміти його емоції та сенс повідомлення.

Основні прояви вміння слухати:

1. **Активне слухання**. Уміння показати співрозмовнику, що його чують, через невербальні знаки (кивання головою, зоровий контакт) та відповідні питання.
2. **Відмова від перебивання**. Надання можливості людині повністю висловити свою думку без поспішних висновків.
3. **Прояснення інформації**. Перепитування чи уточнення деталей, щоб уникнути непорозумінь.

Що таке емпатія?

Емпатія — це здатність розуміти емоції, почуття та потреби інших людей. Це про те, щоб поставити себе на місце співрозмовника і побачити ситуацію його очима.

Прояви емпатії:

1. **Розуміння емоцій.** Здатність розпізнавати, чи людина щаслива, стурбована, розчарована або напружена.
2. **Співпереживання.** Відчуття підтримки, яку ви надаєте іншій людині, навіть якщо безпосередньо не можете допомогти.
3. **Повага до почуттів.** Визнання права іншої людини на власні емоції без їхньої критики чи знецінення.

Як уміння слухати та емпатія впливають на образ професіонала?

1. Сприяють довірі
   Люди охоче працюють із тими, хто вміє слухати та проявляє емпатію, адже це свідчить про щире зацікавлення і повагу.

2. Покращують комунікацію
   Вміння слухати допомагає уникнути непорозумінь, а емпатія робить спілкування теплішим і продуктивнішим.

3. Допомагають вирішувати конфлікти
   Коли ви уважно слухаєте іншу сторону та проявляєте розуміння, це знижує напругу і сприяє знаходженню компромісу.

4. Підвищують командний дух
   Вміння розуміти колег допомагає створити комфортну атмосферу в колективі, де кожен відчуває себе цінним і підтриманим.

Як розвивати вміння слухати та емпатію?

1. **Практикуйте активне слухання**
   Фокусуйтеся на співрозмовнику, уникайте відволікань, таких як телефон або зайві думки.

2. **Ставте відкриті питання**
   Це дає співрозмовнику можливість висловити свою думку повніше та відчути вашу зацікавленість.

3. **Спостерігайте за невербальними сигналами**
   Емоції часто передаються через жести, міміку чи інтонацію. Вміння їх розпізнавати підсилює емпатію.

4. **Працюйте над самоконтролем**
   Уникайте оцінок або критики під час слухання, навіть якщо не згодні з думкою співрозмовника.

5. **Розвивайте емоційний інтелект**
   Читайте книги, відвідуйте тренінги або спілкуйтеся з людьми, щоб краще розуміти людські емоції.

Чому ці якості є частиною образу професіонала?

Справжній професіонал — це не лише компетентний фахівець, а й людина, яка здатна будувати гармонійні стосунки в будь-якій ситуації.

Уміння слухати та емпатія допомагають:

- Уникати конфліктів.
- Створювати атмосферу взаєморозуміння та підтримки.
- Підвищувати загальну ефективність взаємодії.

Ці риси показують, що професіонал не просто вирішує завдання, а й працює над тим, щоб кожна взаємодія була цінною для всіх учасників. Це робить його не лише надійним співробітником, а й лідером, який надихає.

Образ професіонала — це не лише про знання, навички та досвід. Це поєднання особистісних якостей, які формують довіру, повагу та ефективність у робочому середовищі. Упевненість без зарозумілості дозволяє діяти рішуче, не втрачаючи людяності та поваги до інших. Відповідальність і пунктуальність створюють основу для надійності, організованості та ефективної взаємодії. Уміння слухати та проявляти емпатію допомагають будувати гармонійні стосунки, вирішувати конфлікти і сприяти командному духу.

Справжній професіонал не лише виконує свої обов'язки, а й надихає інших своїм прикладом. Розвиваючи ці ключові риси, кожен з нас може стати тим, на кого рівняються, кого цінують і з ким хочуть працювати. Образ професіонала — це більше, ніж імідж; це вибір, який вимагає постійної самодисципліни, самовдосконалення та щирого ставлення до людей і роботи.

2. КОМУНІКАЦІЯ НА РОБОЧОМУ МІСЦІ

Комунікація на робочому місці — це процес обміну інформацією між співробітниками, керівниками та іншими учасниками робочого процесу. Це важлива складова корпоративної культури, яка визначає, як люди взаємодіють, обговорюють завдання, вирішують проблеми та приймають рішення. Ефективна комунікація на робочому місці сприяє покращенню продуктивності, створенню здорової атмосфери, розвитку командної роботи та забезпеченню досягнення корпоративних цілей.

Основні види комунікації на робочому місці

1. **Вертикальна комунікація**
   Це взаємодія між співробітниками на різних рівнях організаційної структури: керівниками та підлеглими.

   o **Нижчий рівень до вищого (низхідна комунікація):** Коли підлеглі передають інформацію або зворотний зв'язок керівникам. Це можуть бути звіти, пропозиції, ідеї або повідомлення про проблеми.
   o **Вищий рівень до нижчого (висхідна комунікація):** Коли керівники інструктують, дають завдання або визначають напрямки для роботи.

2. **Горизонтальна комунікація**
Це взаємодія між співробітниками, які займають однакові або схожі посади в організації. Така комунікація зазвичай стосується обміну ідеями, координації завдань, вирішення спільних проблем або створення нових ініціатив. Горизонтальна комунікація сприяє розвитку командної роботи, зменшує конфлікти та забезпечує ефективну взаємодію між відділами.

3. **Неформальна комунікація**
Цей тип комунікації виникає поза офіційними каналами. Неформальні бесіди, плітки, обговорення позаробочих тем або дружні стосунки на робочому місці можуть мати важливе значення для створення комфортної атмосфери в колективі. Неформальні канали дозволяють співробітникам швидко отримувати інформацію, обмінюватися досвідом і вирішувати питання без офіційних процедур.

4. **Міжособистісна комунікація**
Це безпосереднє спілкування між двома або кількома співробітниками. Вона може бути усною (особисті розмови, телефонні дзвінки, відеоконференції) або письмовою (електронна пошта, чат, повідомлення в корпоративних месенджерах). Така комунікація дозволяє обмінюватися думками, висловлювати думки та пропозиції, а також вирішувати конфлікти.

5. **Інтерактивна комунікація**

   У рамках інтерактивної комунікації співробітники використовують цифрові технології, такі як електронні листи, месенджери, відеоконференції для безперервного обміну інформацією. Це особливо важливо в умовах гібридного або віддаленого режиму роботи.

Ключові аспекти ефективної комунікації на робочому місці

1. **Чіткість і точність**

   Комунікація має бути зрозумілою і точною. Невизначені або нечіткі інструкції можуть призвести до помилок та непорозумінь. Співробітники повинні бути впевнені, що зрозуміли, що від них очікується, і керівники повинні надавати чіткі завдання та зворотний зв'язок.

2. **Слухання і взаємоповага**

   Слухання є однією з важливих складових комунікації. Важливо не лише передавати інформацію, але й вміти слухати своїх колег, розуміти їхні потреби та ідеї. Взаємоповага є основою для здорової комунікації на робочому місці, оскільки вона дозволяє уникати конфліктів і забезпечує конструктивний діалог.

3. **Емоційна інтелігентність**

   Вміння розпізнавати і правильно інтерпретувати емоції своїх колег і керівників допомагає підтримувати гармонійні стосунки.

Підвищена емоційна інтелігентність дозволяє ефективно управляти конфліктами та створювати більш дружнє середовище для роботи.

4. **Регулярність комунікації**
   Для того, щоб всі члени команди були в курсі важливих подій і змін у роботі, необхідно проводити регулярні зустрічі, наради або комунікаційні сесії. Це допомагає уникнути непорозумінь і тримати всіх в одній інформаційній лінії.

5. **Використання сучасних технологій**
   В умовах швидких змін та глобалізації, технології відіграють важливу роль в комунікації на робочому місці. Використання онлайн-інструментів для обміну інформацією, відеоконференцій, цифрових платформ допомагає ефективно взаємодіяти, особливо в умовах віддаленої або гібридної роботи.

Переваги ефективної комунікації на робочому місці

1. **Зростання продуктивності**
   Коли комунікація на робочому місці є чіткою і ефективною, працівники можуть швидше та злагоджено виконувати свої завдання. Всі мають ясне розуміння своїх обов'язків і очікувань, що сприяє досягненню корпоративних цілей.

2. **Покращення корпоративної культури**
Гармонійна комунікація допомагає формувати здорову корпоративну культуру, де співробітники відчувають себе цінними та почуваються частиною єдиної команди.

3. **Зниження кількості конфліктів**
Коли інформація правильно передається та сприймається, зменшується ризик непорозумінь і конфліктів між співробітниками, що позитивно впливає на атмосферу в колективі.

4. **Забезпечення інновацій та креативності**
Відкрита і ефективна комунікація стимулює обмін ідеями та інноваціями. Співробітники можуть висловлювати свої пропозиції та вносити зміни, що призводить до постійного розвитку та вдосконалення процесів.

Комунікація на робочому місці — це не просто обмін інформацією, це основа, на якій будується ефективна командна робота та досягнення цілей організації. Вміння спілкуватися чітко, слухати, розуміти та використовувати сучасні технології є запорукою успіху в будь-якій компанії. Розвиток навичок комунікації сприяє не лише підвищенню ефективності, але й створенню позитивної атмосфери в колективі, що важливо для досягнення спільних результатів.

Основи професійного спілкування

Професійне спілкування — це процес взаємодії між людьми на робочому місці, який спрямований на досягнення певних цілей, розв'язання завдань, вирішення проблем або покращення результатів діяльності організації. Це вміння ефективно передавати, отримувати, інтерпретувати та обробляти інформацію в межах робочих процесів, забезпечуючи при цьому високий рівень етики та взаємоповаги.

Основи професійного спілкування є ключовими для створення продуктивного, гармонійного та ефективного робочого середовища. Вони включають в себе набір навичок і принципів, які допомагають взаємодіяти з колегами, підлеглими, керівниками та іншими зацікавленими сторонами в межах професійної діяльності.

1. Чіткість та зрозумілість

Одним з основних принципів професійного спілкування є чіткість. Комунікація повинна бути прямою, зрозумілою та не викликати зайвих тлумачень. Щоб досягти цього:

- Використовуйте прості та зрозумілі формулювання.
- Уникайте двозначних або заплутаних виразів.
- Завжди чітко позначайте головні точки розмови або ключові моменти інформації.

Чітке спілкування дозволяє знизити ризик непорозумінь і помилок, сприяючи кращому виконанню завдань.

2. Ввічливість та повага

Професійне спілкування має обов'язково ґрунтуватися на ввічливості та повазі до інших. Взаємодія з колегами, незалежно від їхнього статусу в організації, повинна бути коректною і доброзичливою. Це включає:

- Використання формальних і професійних звертань.
- Уважне ставлення до думок і ідей інших людей.
- Уникання грубості, сарказму чи негативних висловлювань.

Поважне ставлення підвищує рівень довіри між учасниками комунікації і сприяє здоровій атмосфері в колективі.

3. Слухання і активне слухання

Слухання є важливою складовою професійного спілкування. Однак важливо не просто чути, а й активно слухати — це означає бути зосередженим на співрозмовнику, розуміти його думки, запитання та потреби. До активного слухання відноситься:

- Підтримка візуального контакту.
- Підтвердження того, що ви чуєте і розумієте, через вербальні або невербальні сигнали (наприклад, кивок).

- Уточнення деталей, якщо потрібно, для повного розуміння.

Активне слухання покращує комунікацію та забезпечує більшу ефективність у вирішенні робочих завдань.

4. Емоційний інтелект

Емоційний інтелект — це здатність розпізнавати, розуміти та управляти своїми емоціями, а також емоціями інших людей. Вона важлива для професійного спілкування, оскільки допомагає зберігати спокій у складних ситуаціях, адаптуватися до змін і сприяти емоційному благополуччю колег. Розвинений емоційний інтелект дозволяє:

- Виявляти співчуття до інших.
- Реагувати на ситуацію відповідно до контексту, зберігаючи професіоналізм.
- Управляти стресовими або конфліктними ситуаціями.

Це дозволяє підтримувати продуктивну і здорову атмосферу в команді.

5. Невербальна комунікація

Невербальна комунікація включає жести, міміку, тон голосу, позу та інші невербальні сигнали, які доповнюють чи змінюють зміст слів. У професійному спілкуванні важливо звертати увагу на невербальні сигнали співрозмовника, оскільки вони можуть підказувати його емоційний стан, ставлення до теми розмови чи настрої. Важливі аспекти невербальної комунікації:

- Збереження відкритої позиції тіла.
- Підтримка зорового контакту.
- Зваженість у використанні жестів та тону голосу.

Ці аспекти допомагають зробити комунікацію більш ефективною і допомагають уникнути непорозумінь.

6. Вміння давати і приймати зворотний зв'язок

Зворотний зв'язок є важливим елементом професійного спілкування. Він допомагає зрозуміти, як виконуються завдання, а також як можна покращити робочі процеси. Уміння давати конструктивний зворотний зв'язок — це ключова складова розвитку професіоналізму:

- Поважайте співрозмовника, підкреслюючи його сильні сторони.
- Критикуйте конструктивно, пропонуючи конкретні шляхи для покращення.
- При отриманні зворотного зв'язку будьте відкриті до змін, не захищайтеся, а шукайте можливості для розвитку.

Зворотний зв'язок сприяє особистісному та професійному розвитку, покращує взаємодію в команді та забезпечує досягнення поставлених цілей.

7. Адаптивність і гнучкість

Професійне спілкування потребує вміння адаптуватися до різних ситуацій і змінюваних обставин. Важливо бути гнучким у спілкуванні з колегами, керівниками або клієнтами:

- Враховувати стиль комунікації кожного учасника.
- Адаптувати свою манеру спілкування залежно від ситуації (наприклад, більше формальності в офіційних нарадах і більше неформальності у повсякденному спілкуванні).
- Зберігати спокій і ясність у складних або стресових ситуаціях.

Гнучкість у спілкуванні допомагає підтримувати продуктивність і знижує рівень стресу.

Основи професійного спілкування — це комплекс навичок, які необхідні для ефективної роботи в команді, вирішення завдань та підтримки здорової корпоративної атмосфери. Вміння чітко, з повагою і професіоналізмом взаємодіяти з колегами, керівниками та клієнтами є основою успіху в будь-якій організації. Розвиваючи ці навички, можна не лише досягати високих результатів, але й створювати комфортне і продуктивне середовище для всієї команди.

Як правильно давати та приймати критику

Критика є важливою частиною професійного та особистісного розвитку. Вона допомагає вдосконалювати роботу, виправляти помилки та досягати кращих результатів. Однак, щоб критика була конструктивною і ефективною, необхідно правильно її давати і приймати. Ось кілька ключових принципів, які допоможуть зробити цей процес максимально продуктивним і коректним.

Як правильно давати критику

1. Будьте конкретними

Конструктивна критика повинна бути чіткою і конкретною. Уникайте загальних фраз на кшталт "це не добре" або "треба було зробити краще". Замість цього вказуйте на конкретні моменти, які потребують покращення. Наприклад:

- "Я помітив, що у твоїй презентації була не зовсім точна інформація щодо фінансових результатів, потрібно уточнити цифри."
- "Ми не встигли завершити цей проєкт у терміни. Можливо, варто було з самого початку правильно розподілити задачі."

2. Давайте критику вчасно

Критика має бути надана вчасно, тобто в той момент, коли проблема ще актуальна і є можливість внести зміни. Не чекайте занадто довго, адже чим більше часу пройде, тим складніше буде виправити ситуацію.

3. Не атакуйте особистість

Важливо зберігати повагу до людини під час критики. Замість того, щоб критикувати особистісні риси, фокусуйтеся на поведінці чи виконаній роботі. Наприклад, не говоріть "Ти завжди робиш це неправильно", а краще: "Цього разу в тебе вийшло не зовсім так, як ми домовлялись. Давайте подивимося, як ми можемо зробити це краще."

4. Пропонуйте рішення або альтернативи

Конструктивна критика має на меті не лише вказати на помилки, а й допомогти людині виправити ситуацію. Після того як ви вказали на проблему, надайте рекомендації або пропозиції, як можна уникнути подібної ситуації в майбутньому. Наприклад:

- "Можна було б уточнити ці дані перед подачею звіту, щоб уникнути таких помилок."
- "Можливо, варто було б обговорити задачі на зустрічі, щоб краще розподілити час.»

5. Використовуйте "пісочну техніку"
Один із способів надання конструктивної критики — це "пісочна техніка". Вона полягає в тому, щоб поєднувати позитивні відгуки з конструктивними зауваженнями. Спочатку ви вказуєте на те, що було зроблено добре, потім говорите про те, що можна покращити, і знову завершуєте на позитивній ноті. Наприклад:

- "Ти зробив чудову роботу з аналізом даних, але було б краще, якби ви додали більше конкретних прикладів у презентацію. Загалом, хороша робота!»

6. Будьте готовими до емоцій
Критика може бути емоційно важкою, тому під час її надання важливо бути чутливим до емоцій співрозмовника. Намагайтеся не бути занадто різкими або холодними. Підтримуйте позитивний тон та будьте готові вислухати реакцію співрозмовника.

Як правильно приймати критику

1. Будьте відкритими до критики

Незалежно від того, наскільки критика може бути важкою або неприємною, важливо залишатися відкритим до неї. Усвідомте, що критика — це можливість для вашого розвитку, а не напад на вашу особистість. Відкиньте захисні реакції і намагайтеся розглядати критику як шанс покращити свою роботу.

2. Не приймайте критику на особистий рахунок

Важливо розуміти, що критика спрямована на вашу роботу чи поведінку, а не на вашу особистість. Не бійтеся, якщо вам надaдуть зауваження, це не означає, що хтось ставиться до вас погано або недооцінює ваші здібності. Відокремлюйте свою особистість від результатів роботи.

3. Просіть уточнення, якщо потрібно

Якщо вам не зовсім зрозуміло, що саме потрібно змінити, не бійтеся просити зауваження чи пояснення. Поставте уточнюючі питання: "Можете, будь ласка, пояснити, що саме можна зробити краще в цьому проекті?" Це дозволить отримати більш конкретну інформацію та вказівки на те, як ви можете покращити свою роботу.

4. Визнавайте свої помилки

Коли ви отримуєте конструктивну критику, важливо бути готовим визнати свої помилки і не намагатися перекласти відповідальність на інших. Це свідчить про вашу зрілість і готовність до самовдосконалення. Наприклад:

- "Так, ви праві, я пропустив цей пункт у звіті. Я виправлю це і візьму це до уваги в майбутньому.»

5. Залишайте емоції в стороні
Під час отримання критики важливо не допускати, щоб емоції взяли верх. Спробуйте зберігати спокій і уникати захисних реакцій. Якщо критика здається неприємною, не відповідайте миттєво. Краще подумати і повернутися до розмови пізніше, коли ви будете готові сприймати її без емоцій.

6. Подякуйте за зворотний зв'язок
Навіть якщо критика була важкою, не забувайте подякувати за зворотний зв'язок. Це підкреслює вашу професійність і готовність до самовдосконалення. Ви можете сказати:

- "Дякую за ваші зауваження, я подумаю над цим і працюватиму над поліпшенням."

Правильне надання та приймання критики — це важлива частина професійного розвитку. Критика може стати потужним інструментом для вдосконалення роботи, якщо вона надається конструктивно та сприймається з відкритістю. Важливо бути готовими до того, щоб навчатися на своїх помилках, вдосконалювати свої навички та підтримувати здорову атмосферу в колективі.

Ефективна комунікація є основою успішної роботи в будь-якому колективі, адже саме вона забезпечує продуктивне взаємодія, зрозумілість завдань та гармонійні стосунки серед співробітників. Основи професійного спілкування допомагають не лише передавати інформацію, але й будувати взаємоповагу та довіру, що є важливими аспектами для успішної співпраці.

Правильне надання та сприйняття критики — це вміння, яке дозволяє не лише підвищувати особисту ефективність, але й сприяє розвитку колективу. Культура конструктивної критики і здатність отримувати зворотний зв'язок без емоційних реакцій сприяє зростанню професіоналізму кожного члена команди.

Мистецтво написання електронних листів і повідомлень — це важливий елемент професійного спілкування, який дозволяє передавати чіткі і точні повідомлення, мінімізуючи можливість непорозумінь. Вміння писати грамотно, лаконічно і ввічливо підкреслює ваш професіоналізм і ставлення до колег і партнерів.

В результаті, ефективна комунікація на робочому місці базується на взаємоповазі, чіткості в передачі інформації та вмінні адекватно реагувати на критику. Це створює здорову атмосферу в колективі, що в свою чергу веде до досягнення високих результатів і розвитку організації.

3. СУБОРДИНАЦІЯ

Субординація — це ключовий елемент корпоративного етикету, що визначає правила взаємодії в робочому колективі. Вона є інструментом, який забезпечує ефективність управління, сприяє продуктивному спілкуванню та створює стабільний робочий клімат. Субординація передбачає чітке розмежування обов'язків, повноважень та відповідальності між співробітниками, незалежно від їхніх посад.

Основні правила субординації

1. **Повага до посад та повноважень**
   - **Визнання ієрархії.** Кожен співробітник має своє місце в організаційній структурі, а це означає, що потрібно поважати посадові обов'язки та повноваження інших.
   - **Цінність кожної ролі.** Успішна робота компанії залежить від злагодженої діяльності всіх співробітників, тому важливо розуміти, що кожна посада виконує свою незамінну функцію.
2. **Дотримання службової дистанції**
   - **Збереження професійного тону.** Уникайте фамільярності у стосунках із керівництвом та дотримуйтеся офіційного стилю у робочих ситуаціях.

- **Межі особистого спілкування.** Не змішуйте професійні обов'язки з особистими стосунками, якщо це не доречно.

3. **Виконання службових обов'язків**

    - **Чіткість у виконанні завдань.** Успішний професіонал дотримується своїх зобов'язань, не перекладаючи відповідальність на інших.
    - **Підтримка керівництва.** Підлеглі мають виконувати завдання відповідно до інструкцій, а керівники зобов'язані надавати зрозумілі та чіткі вказівки.

4. **Дотримання етики спілкування**

    - **Коректність і ввічливість.** Уникайте грубих висловлювань, сарказму чи проявів зневаги у спілкуванні з колегами та керівництвом.
    - **Збереження нейтралітету.** Тримайтеся професійного тону навіть у випадках розбіжностей чи конфліктних ситуацій.

5. **Інформаційна прозорість**

    - **Звітування про важливі зміни.** Сповіщайте керівництво про будь-які обставини, які можуть вплинути на роботу.
    - **Уникнення приховувань.** Своєчасна і чесна комунікація сприяє уникненню непорозумінь і проблем.

Субординація та спілкування в колективі

1. **Вертикальне спілкування**

   - **Керівники:** повинні забезпечувати підтримку, справедливість та чіткість у взаємодії з підлеглими. Демонстрація поваги до працівників створює мотивацію та знижує рівень напруги.
   - **Підлеглі:** повинні виконувати свої обов'язки відповідно до посадових вимог, використовувати ввічливий тон та підтримувати прозорість у комунікації з керівництвом.

2. **Горизонтальне спілкування**

   - **Рівноправність.** Колеги одного рівня мають підтримувати рівність у спілкуванні, визнаючи професійні навички один одного.
   - **Відсутність інтриг.** Плітки, конфлікти чи внутрішня конкуренція можуть зіпсувати атмосферу у колективі.

3. **Неформальне спілкування**

   - **Обмеження дружніх привілеїв.** Особисті стосунки між колегами не повинні впливати на професійні обов'язки чи об'єктивність оцінки роботи.
   - **Дотримання меж.** Хоча неформальні стосунки допустимі, вони не повинні порушувати робочу етику.

4. **Розв'язання конфліктів**
   - **Залучення посередників.** У разі серйозних суперечностей звертайтеся до керівника чи медіатора, аби знайти компроміс.
   - **Контроль емоцій.** Важливо зберігати спокій та уникати загострення ситуації в робочих обставинах.

Чому субординація важлива?

Субординація виконує такі функції:

- **Організація роботи.** Чітко встановлені ролі дозволяють уникнути плутанини та забезпечують ефективність процесів.
- **Зниження конфліктів.** Дотримання правил субординації зменшує ймовірність непорозумінь між працівниками.
- **Формування довіри.** Чесна й прозора взаємодія підвищує рівень поваги в колективі.
- **Підтримка дисципліни.** Ієрархічна структура забезпечує порядок і стабільність у робочому середовищі.

Дотримання субординації — це не лише ознака високого професіоналізму, а й запорука злагодженої роботи компанії, яка працює як єдиний механізм. Вона допомагає зберігати баланс між ефективністю, дисципліною та комфортом у колективі.

4. РОБОТА В КОМАНДІ

Робота в команді — це процес спільної діяльності групи людей, спрямований на досягнення спільних цілей. Вона ґрунтується на взаємодії, співпраці та обміні ресурсами, знаннями та ідеями між членами команди. Кожен учасник приносить свої унікальні навички та досвід, що дозволяє досягати результатів, яких було б важко досягти індивідуально.

Основні аспекти роботи в команді:

1. **Спільна мета**: Кожен член команди працює на досягнення однієї мети, що забезпечує злагодженість і ефективність усієї групи.

2. **Розподіл ролей**: Кожен учасник має визначену роль в команді, що залежить від його сильних сторін, досвіду та вмінь. Розподіл обов'язків дозволяє зосередитись на конкретних завданнях і досягти максимального результату.

3. **Взаємодія та комунікація**: Чітке і відкрите спілкування — ключ до ефективної роботи в команді. Важливо слухати інших, висловлювати свої ідеї, обговорювати проблеми та знаходити спільні рішення.

4. **Підтримка та взаємоповага**: Важливим аспектом є створення атмосфери довіри та взаємоповаги. Кожен учасник команди має відчувати підтримку та бути готовим підтримати інших у разі потреби.

5. **Гнучкість і адаптивність:** Командна робота вимагає здатності адаптуватися до змін та враховувати думки інших. Кожен учасник повинен бути готовим до коригування своїх планів і підходів залежно від потреб команди.

Робота в команді не тільки допомагає досягати великих цілей, але й сприяє розвитку навичок співпраці, адаптивності, лідерства і комунікації. Це процес, в якому важливі не лише індивідуальні досягнення, а й здатність працювати разом на загальний успіх.

Повага до колег як складова роботи в команді

Повага до колег — це одна з основних складових ефективної роботи в команді, яка забезпечує гармонійне співіснування співробітників, сприяє злагодженості та високій продуктивності колективу. Це не лише прояв ввічливості, але й визнання цінності кожного члена команди, його ідеї та професійних якостей. Повага є фундаментом, на якому будується довіра, співпраця та здатність досягати спільних цілей.

Ключові аспекти поваги до колег:

1. **Визнання індивідуальних особливостей:**
   - Кожна людина в команді має свої сильні та слабкі сторони, а також різні підходи до виконання завдань. Повага до колег передбачає прийняття цих відмінностей і можливість працювати разом,

незважаючи на них. Це означає, що кожен має право на свою думку та методи роботи.
2. **Чесність і прозорість у спілкуванні:**
    o Важливо бути відкритим і чесним з колегами, виражати свою думку без страху, але й з урахуванням почуттів іншої людини. Чесне спілкування допомагає уникати непорозумінь, сприяє конструктивному обговоренню та знаходженню рішень.
3. **Активне слухання:**
    o Поважати своїх колег означає не тільки висловлювати свої ідеї, але й уважно слухати, що вони кажуть. Це допомагає створити атмосферу, в якій кожен співробітник відчуває себе почутим і важливим для команди. Активне слухання зміцнює взаєморозуміння та допомагає приймати краще обґрунтовані рішення.
4. **Підтримка і допомога:**
    o У разі необхідності варто запропонувати свою допомогу або підтримку колегам, особливо тим, хто стикається з труднощами або викликами. Це створює атмосферу співпраці, де кожен готовий допомогти іншим у разі потреби.
5. **Залишення особистих конфліктів поза робочим середовищем:**
    o У команді важливо зберігати професіоналізм і уникати залучення особистих неприязних стосунків у робочий процес. Повага до колег вимагає

нейтралітету в ситуаціях, де можуть виникати непорозуміння чи конфлікти, і прагнення до вирішення проблем мирним шляхом.

6. **Визнання досягнень і успіхів:**
   o Поважати своїх колег також означає визнавати їхні досягнення і успіхи. Це створює атмосферу підтримки і мотивації для подальшого розвитку. Визнання чужих заслуг показує, що ви цінуєте вклад кожного і розумієте, що успіх команди залежить від спільної роботи.

Переваги поваги до колег у команді:

1. **Зміцнення командного духу:**

   o Повага створює атмосферу взаєморозуміння, де кожен відчуває свою значимість для команди. Це дозволяє уникнути внутрішніх суперечок, покращує взаємодію між співробітниками і збільшує рівень задоволення від роботи.

2. **Підвищення ефективності:**

   o У команді, де панує повага, члени не витрачають час на вирішення особистих конфліктів і зосереджуються на досягненні спільної мети. Взаємна повага сприяє відкритому обміну ідеями, що підвищує якість рішень та ефективність виконання завдань.

3. **Покращення клімату в колективі:**

- У команді, де поважають одне одного, значно менше стресу і негативу. Позитивна атмосфера сприяє кращому психологічному клімату на роботі, що, у свою чергу, впливає на загальну атмосферу та мотивацію досягати високих результатів.

4. **Розвиток професіоналізму:**
    - Повага до колег стимулює розвиток комунікаційних і професійних навичок, допомагає адаптуватися до змін та краще працювати в команді, оскільки кожен учасник готовий приймати зворотний зв'язок і працювати над собою.

5. **Зниження рівня конфліктів:**
    - Повага допомагає уникати непотрібних суперечок, а також сприяє швидкому та ефективному вирішенню конфліктних ситуацій, коли вони виникають.

Як розвивати повагу до колег:

1. **Покращуйте комунікацію** — навички відкритого та чесного спілкування допомагають будувати взаєморозуміння.

2. **Розвивайте емоційну інтелігентність** — розуміння емоцій і реакцій інших сприяє більш делікатному спілкуванню і визнанню їхніх потреб та почуттів.

3. **Виявляйте зацікавленість в інших** — цікавтеся думками та ідеями колег, створюючи атмосферу довіри та підтримки.

4. **Дотримуйтесь етики взаємодії** — чітко визначайте межі між професійними та особистими відносинами, зберігаючи при цьому ввічливість та коректність.

Повага до колег є невід'ємною складовою здорового і продуктивного робочого середовища. Вона забезпечує не тільки комфортну атмосферу для кожного члена команди, але й підвищує загальну ефективність роботи, сприяючи досягненню спільних цілей і розвитку організації.

Як стати підтримуючим членом команди

Бути підтримуючим членом команди означає бути готовим допомогти своїм колегам, проявляти співчуття та активно сприяти досягненню загальних цілей колективу. Підтримка в команді створює атмосферу довіри і співпраці, що дозволяє досягати високих результатів і зміцнює командний дух. Ось кілька ключових аспектів, як стати таким членом команди:

1. Будьте готові допомогти

- Один із найбільш важливих аспектів бути підтримуючим членом команди — це готовність допомогти колегам, коли це необхідно. Підтримка може включати допомогу в розв'язанні проблем, наданні корисних порад

або просто фізичній допомозі з виконанням завдання.
- **Як це зробити?** Запитуйте у колег, чи потрібно їм допомогти з чимось. Якщо ви бачите, що хтось має труднощі, запропонуйте свою підтримку, навіть якщо це стосується невеликої допомоги.

2. **Будьте уважними та слухайте**

- Важливо вміти слухати своїх колег, коли вони звертаються за допомогою або діляться проблемами. Показуйте, що вам не байдуже, уважно слухайте і демонструйте співчуття. Це дозволяє створити атмосферу довіри, де кожен відчуває себе почутим і важливим.
- **Як це зробити?** Під час розмови з колегами, надайте їм свою повну увагу. Уникайте відволікань і не перебивайте. Поставте питання, щоб показати свою зацікавленість у тому, що вони говорять.

3. **Будьте позитивним прикладом**

- Підтримка в команді також включає демонстрацію позитивного ставлення, навіть у складних ситуаціях. Ваше позитивне ставлення може надихати інших членів команди і створювати більш здорову атмосферу для роботи.
- **Як це зробити?** У моменти стресу чи труднощів, зберігайте спокій і оптимізм. Спробуйте знаходити рішення проблем, а не фокусуватися на негативі. Ваш оптимізм буде служити мотиватором для інших.

4. Підтримуйте розвиток інших

- Підтримуючий член команди не тільки допомагає в поточних справах, але й активно сприяє розвитку своїх колег. Це може бути виявляти інтерес до їхніх професійних цілей, надавати їм зворотний зв'язок або ділитися знаннями, які допоможуть їм вдосконалюватися.
- **Як це зробити?** Запропонуйте допомогу в професійному розвитку, допоможіть колегам отримати нові навички чи розв'язати складні завдання. Надати конструктивний зворотний зв'язок, коли це необхідно, і похвалити їх за досягнення.

5. Виявляйте вдячність і визнайте зусилля інших

- Важливо не тільки отримувати допомогу, але й визнавати зусилля та досягнення своїх колег. Прості слова вдячності можуть значно підвищити моральний дух і зміцнити командний дух.
- **Як це зробити?** Регулярно висловлюйте вдячність колегам за їхню роботу та внесок у спільну справу. Це може бути як просте "Дякую", так і більш складніші форми, такі як публічне визнання досягнень під час командних зустрічей.

6. Будьте відкриті до конструктивної критики

- Підтримка не обмежується тільки позитивним ставленням. Бути підтримуючим членом команди також означає вміти приймати конструктивну критику і використовувати її для самовдосконалення. Прийняття критики без захисної реакції дозволяє вам зростати і бути більш корисним для команди.

- **Як це зробити?** Коли отримуєте критику, слухайте її уважно, не реагуйте агресивно, а намагайтеся зрозуміти, як ви можете покращити свою роботу. Потім демонструйте вдячність за зворотний зв'язок і використовуйте його для вдосконалення.

7. Допомагайте у вирішенні конфліктів

- У будь-якому колективі можуть виникати непорозуміння або конфлікти, і важливо бути тією людиною, яка допомагає знаходити компроміси та вирішувати проблеми мирним шляхом.
- **Як це зробити?** Якщо ви помітили конфлікт між колегами, не ігноруйте його. Спробуйте бути медіатором, допомогти знайти обопільно вигідне рішення, і при цьому залишайтеся нейтральними та об'єктивними.

8. Підтримуйте здорові кордони та баланс

- Підтримуючий член команди також має бути здатним підтримувати здорові кордони і допомагати зберігати баланс між роботою та особистим життям. Це означає, що ви не повинні перевантажувати себе чи колег, а також дбати про здоров'я та благополуччя команди.
- **Як це зробити?** Не забувайте про важливість відпочинку і перерв у роботі. Якщо ви бачите,

що колега перевантажений, запропонуйте допомогу чи перенесення частини завдань.

Стати підтримуючим членом команди означає бути готовим до співпраці, допомоги та розвитку разом з іншими. Це включає в себе активне слухання, прояв підтримки та вдячності, допомогу в розвитку та створення здорової атмосфери довіри й взаємоповаги. Член команди, який підтримує інших, сприяє створенню ефективного та гармонійного робочого середовища, що, в свою чергу, призводить до досягнення спільних цілей та покращення результатів роботи колективу.

Як професійно розв'язувати конфлікти на роботі

Конфлікти на робочому місці — це неминуча частина будь-якої організації, оскільки в колективі завжди є різні думки, погляди та підходи до вирішення завдань. Важливо вміти розв'язувати конфлікти професійно, не дозволяючи їм вплинути на ефективність роботи чи атмосферу в команді. Ось кілька ключових принципів, як зробити це:

1. Залишайте емоції під контролем

- Перш ніж реагувати на конфліктну ситуацію, намагайтеся не дозволяти емоціям брати верх. Це допоможе зберегти об'єктивність і уникнути зайвих емоційних перепадів, які можуть тільки погіршити ситуацію.
- **Як це зробити?** Коли ви відчуваєте, що емоції починають переповнювати, зробіть паузу,

глибоко вдихніть, подумайте про причини конфлікту і тільки після цього переходьте до вирішення.

2. Слухайте всіх учасників конфлікту

- Однією з основних помилок у вирішенні конфліктів є поспішне судження або прийняття рішень без повного розуміння ситуації. Важливо вислухати кожну сторону, щоб зрозуміти їхні потреби, погляди і причини виникнення конфлікту.
- **Як це зробити?** Задавайте відкриті питання, слухайте без перебивань і переконайтеся, що ви чітко зрозуміли точку зору кожної особи.

3. Не приймайте сторону

- Під час конфлікту важливо залишатися нейтральним. Вибір однієї зі сторін може погіршити ситуацію і зробити вас частиною конфлікту, а не його вирішення.
- **Як це зробити?** Виявляйте нейтральність, намагаючись об'єктивно оцінити ситуацію і допомогти сторонам знайти компроміс, не приймаючи сторону жодної з них.

4. Пошук спільних інтересів

- Професійне вирішення конфлікту завжди повинно передбачати пошук взаємовигідного рішення. Замість того щоб зосереджуватись на розбіжностях, сфокусуйтеся на спільних цілях або інтересах, які об'єднують усіх учасників.
- **Як це зробити?** Після того як кожен висловить свою думку, спробуйте сформулювати спільні

цілі або інтереси, які можуть стати основою для вирішення конфлікту.

5. Використовуйте конструктивний зворотний зв'язок

- Під час вирішення конфлікту важливо використовувати конструктивний зворотний зв'язок, щоб допомогти сторонам зрозуміти свої помилки і запропонувати шляхи покращення.
- **Як це зробити?** Формулюйте свої коментарі чітко та без емоцій, використовуйте "я-повідомлення" (наприклад, "я відчуваю, що це може бути недоречно...") і намагайтеся пропонувати рішення, а не лише критику.

6. Шукайте компроміси

- Ідеального рішення не завжди можна знайти, тому важливо бути готовим до компромісу. Компроміс дозволяє кожній стороні отримати певну вигоду, зберігаючи при цьому повагу і добрі стосунки.
- **Як це зробити?** Запропонуйте варіанти вирішення, які дозволяють обом сторонам отримати хоча б частину бажаного. Компроміс допоможе уникнути повної поразки для когось і зменшити напругу.

7. Підтримуйте професіоналізм

- Усі дії під час конфлікту повинні залишатися на професійному рівні. Уникайте особистих нападок або критики. Пам'ятайте, що конфлікт

— це ситуація, яку потрібно вирішити, а не причина для агресії або зневаги.
- **Як це зробити?** Уникайте звинувачень або образ. Висловлюйте свої побоювання і пропозиції конструктивно і з повагою до всіх учасників.

8. Рішення конфлікту повинно бути прийняте колективно

- Коли конфлікт вирішується, важливо залучити до обговорення всіх учасників, щоб вони відчували, що їхня думка була врахована.
- **Як це зробити?** Запропонуйте зустріч, де кожен учасник може висловити своє бачення рішення. Це допоможе уникнути незадоволення і покращить атмосферу в команді.

9. Відстежуйте результат і навчайтеся з досвіду

- Після розв'язання конфлікту важливо повернутися до нього пізніше і оцінити, наскільки ефективним було рішення. Це дозволить вам вчитися на помилках і покращувати навички вирішення конфліктів у майбутньому.
- **Як це зробити?** Відслідковуйте результат після деякого часу, щоб побачити, чи було вирішення конфлікту успішним і чи не виникли нові непорозуміння.

Розв'язання конфліктів — це важлива частина професійного спілкування, яка допомагає зберігати гармонію в колективі. Процес повинен бути конструктивним, об'єктивним і зосередженим на досягненні взаємовигідних рішень. Пам'ятайте, що правильно вирішений конфлікт може навіть зміцнити відносини в команді, сприяти розвитку і підвищенню довіри серед колег.

Робота в команді є ключовим елементом успіху в будь-якій організації. Повага до колег, готовність підтримувати один одного та вміння професійно вирішувати конфлікти — це основи, на яких будується ефективна команда. Кожен її член повинен вміти не тільки слухати і враховувати думки інших, але й бути готовим підтримати, поділитися досвідом і допомогти колегам. Це створює атмосферу співпраці, де кожен почувається цінним і має можливість реалізувати свій потенціал.

Особливу роль відіграє вміння розв'язувати конфлікти без емоцій, зосереджуючись на пошуку конструктивних рішень. Професійне вирішення конфліктів не тільки сприяє збереженню гармонії в колективі, але й допомагає знайти найкращі шляхи досягнення спільних цілей.

Таким чином, робота в команді — це не просто спільне виконання завдань, а й здатність діяти як єдиний організм, де кожен учасник несе відповідальність за загальний результат і взаємно підтримує колег. Успіх команди залежить від того, наскільки кожен її член дотримується принципів взаємоповаги, співпраці та професіоналізму.

5. ЕТИКЕТ НА ЗУСТРІЧАХ І ПРЕЗЕНТАЦІЯХ

Етикет на зустрічах і презентаціях — це набір правил і норм поведінки, яких слід дотримуватися під час професійних зустрічей, нарад і презентацій. Він допомагає створити атмосферу взаємоповаги, ефективної комунікації та продуктивної роботи. Дотримання етикету на таких заходах є важливим для побудови довіри, укріплення професійних стосунків та досягнення поставлених цілей.

Основні принципи етикету на зустрічах і презентаціях:

1. Пунктуальність

- Приходьте на зустрічі та презентації вчасно. Запізнення може продемонструвати неуважність і неповагу до часу інших учасників.
- **Що робити?** Плануйте час так, щоб мати змогу прибути за кілька хвилин до початку зустрічі.

2. Підготовка

- Підготовленість до зустрічі чи презентації демонструє ваш професіоналізм і бажання внести свій вклад у процес. Це включає не тільки знання теми, а й підготовку необхідних матеріалів та запитань.
- **Що робити?** Перед зустріччю ознайомтесь із порядком денним і підготуйте запитання або коментарі для обговорення.

3. Активне слухання

- Під час зустрічі важливо уважно слухати інших, не перебивати і не відволікатись на сторонні речі, такі як телефон або ноутбук. Активне слухання демонструє вашу зацікавленість і повагу до колег.
- **Що робити?** Зосередьтеся на тому, що говорить інша сторона, ставте уточнюючі питання і показуйте, що ви розумієте і цінуєте їхні думки.

4. Чіткість і лаконічність

- У час обмежених термінів важливо бути чітким і лаконічним. Уникайте зайвих відступів, щоб ваші ідеї були зрозумілими та організованими.
- **Що робити?** Говоріть по суті, будьте точними і надавайте інформацію в зрозумілому вигляді.

5. Повага до інших учасників

- Взаємна повага є основою ефективного спілкування. Уникайте агресивних чи презирливих висловлювань, будьте толерантними до думок і ідей інших учасників.
- **Що робити?** Будьте ввічливими, уважними до співрозмовників і намагайтеся уникати конфліктних ситуацій.

6. Підтримка позитивної атмосфери

- Створення дружньої, але професійної атмосфери допомагає знизити рівень стресу і сприяє конструктивному обговоренню.

- **Що робити?** Підтримуйте атмосферу співпраці, заохочуйте інших до участі в дискусії і виявляйте позитивне ставлення.

7. Контроль за мовою тіла

- Ваше невербальне спілкування, включаючи міміку, жести та позу, має велике значення під час зустрічей та презентацій. Воно може доповнити або, навпаки, зменшити силу ваших слів.
- **Що робити?** Слідкуйте за своєю позою, уникайте нервових рухів і підтримуйте відкриту, доброзичливу міміку.

8. Управління часом

- Правильне використання часу на зустрічі або презентації є важливою складовою етикету. Слідкуйте за регламентом і не забирайте забагато часу у інших учасників.
- **Що робити?** Якщо ви ведете зустріч або презентацію, чітко дотримуйтесь відведеного часу для кожного питання і не затягуйте обговорення.

9. Завершення зустрічі

- Зустріч або презентація повинні завершитися на позитивній ноті. Підсумуйте ключові моменти та домовтесь про наступні кроки.
- **Що робити?** Підведіть підсумки, уточніть, хто за що відповідає, та домовтесь про подальші дії.

10. Розпорядження матеріалами

- Після зустрічі або презентації корисно надати учасникам матеріали для подальшого ознайомлення, якщо це потрібно.
- **Що робити?** Надішліть підсумковий електронний лист з необхідною інформацією та документами, щоб усі учасники могли ознайомитись із результатами.

Етикет на зустрічах і презентаціях є важливим елементом корпоративної культури і сприяє досягненню професійних цілей. Він допомагає створити атмосферу поваги, ефективної комунікації та взаєморозуміння серед учасників. Дотримуючись правил етикету, можна забезпечити продуктивність зустрічей, а також зміцнити відносини між колегами та партнерами.

Підготовка та поведінка під час ділових переговорів

Ділові переговори є важливою частиною професійної діяльності, і від того, як ви підготуєтеся до них та як будете поводитись під час самого процесу, значною мірою залежатиме успіх досягнення бажаного результату. Підготовка і поведінка під час переговорів включають не тільки знання теми, а й уміння вести ефективну комунікацію, розуміти інтереси іншої сторони та знаходити спільні рішення.

Підготовка до ділових переговорів

1. **Чітке визначення мети переговорів**

   - Перш за все, важливо чітко сформулювати свої цілі та очікування від переговорів. Це допоможе вам зосередитись на важливих питаннях і забезпечить стратегічний підхід до обговорення.
   - **Що робити?** Запишіть основні пункти, які хочете обговорити, і визначте межі, яких ви готові досягти, а також мінімальні умови для прийняття рішення.

2. **Дослідження іншої сторони**

   - Ретельно вивчіть інформацію про компанію або осіб, з якими будете вести переговори. Зрозумійте їхні інтереси, сильні та слабкі сторони, а також попередній досвід взаємодії.
   - **Що робити?** Ознайомтесь з історією компанії, її продуктами, корпоративною культурою та іншими факторами, які можуть бути важливими під час переговорів.

3. **Підготовка аргументів та доказів**

   - Підготуйте факти, цифри, приклади і інші докази, які допоможуть вам аргументувати свою позицію. Умійте демонструвати, чому ваша пропозиція вигідна і яку користь вона принесе всім сторонам.

- **Що робити?** Складіть список аргументів на підтримку своїх ідей і передбачте можливі заперечення з боку іншої сторони.

4. **Підготовка до можливих запитань та заперечень**

    - Переговори можуть містити моменти, коли друга сторона ставитиме складні питання чи висловлюватиме заперечення. Заздалегідь продумайте, як на них відповісти.
    - **Що робити?** Проаналізуйте можливі проблемні моменти і підготуйте конструктивні відповіді.

5. **Технічні та організаційні моменти**

    - Переконайтесь, що всі матеріали для переговорів підготовлені: презентації, документи, договори тощо. Заздалегідь перевірте технічне забезпечення, якщо воно необхідне.
    - **Що робити?** Перевірте доступність залу для переговорів, роботу презентаційного обладнання, а також запитайте про деталі часу і формату зустрічі.

Поведінка під час ділових переговорів

1. **Активне слухання**

    - Під час переговорів важливо не тільки висловлювати свою думку, але й уважно

слухати позицію іншої сторони. Це дасть можливість зрозуміти їхні потреби і знайти спільні точки для компромісу.
- **Що робити?** Підтримуйте зоровий контакт, кивайте головою, щоб показати, що ви уважно слухаєте, і не перебивайте співрозмовника.

2. **Емоційний контроль**

- Під час переговорів варто уникати сильних емоційних реакцій, таких як агресія чи занепокоєння. Залишайтесь спокійними і професіональними, навіть якщо обговорення стає напруженим.
- **Що робити?** Якщо ви відчуваєте, що емоції починають вас переповнювати, зробіть паузу, глибоко вдихніть і зберігайте контроль над ситуацією.

3. **Гнучкість і готовність до компромісів**

- Під час переговорів часто необхідно йти на компроміси, щоб досягти взаємоприйнятного результату. Важливо бути гнучким і шукати рішення, яке задовольнить обидві сторони.
- **Що робити?** Якщо ваша пропозиція не прийнята, готові до змін, але в межах прийнятних для вас умов.

4. **Чіткість і лаконічність**

- Під час переговорів важливо бути чітким у вираженні своїх ідей. Уникайте зайвих відступів та надмірних пояснень. Ваша

мета — донести свою думку так, щоб вона була зрозуміла.
- **Що робити?** Висловлюйте свої ідеї чітко і лаконічно, не використовуйте двозначні фрази чи надмірно складні терміни.

5. **Повага до часу інших учасників**

    - Переговори мають чітко визначений час, тому важливо не затягувати їх надмірно і поважати час усіх учасників.
    - **Що робити?** Дотримуйтесь регламенту, не відволікайтеся на непотрібні питання і давайте можливість усім учасникам висловити свою думку.

6. **Запис важливих моментів**

    - Ведення записів під час переговорів допомагає фіксувати важливі моменти, щоб потім не забути жодні деталі, які можуть бути вирішальними.
    - **Що робити?** Записуйте ключові моменти для подальшого уточнення і аналізу після зустрічі.

7. **Підсумок і завершення переговорів**

    - Після обговорення всіх питань важливо підсумувати досягнуті домовленості та уточнити подальші кроки.
    - **Що робити?** Підсумуйте основні пункти, домовтесь про наступні етапи, якщо це необхідно, і виразіть вдячність за співпрацю.

Підготовка та правильна поведінка під час ділових переговорів є запорукою досягнення успіху в будь-якій професійній діяльності. Уміння чітко висловлювати свої думки, слухати співрозмовників, залишатися гнучким і контролювати емоції дозволяє досягти найбільш вигідних результатів для всіх учасників.

Поради щодо публічних виступів і протоколу

Публічні виступи та дотримання протоколу є важливою частиною професійного життя, адже вони можуть значно вплинути на ваш імідж, репутацію і навіть на успіх бізнес-проектів чи кар'єри. Підготовка до виступу, правильне поводження на публіці та розуміння етикету можуть допомогти вам справити позитивне враження та досягти бажаного результату.

1. Підготовка до публічного виступу

- **Визначте мету виступу**: Перед тим, як вийти на сцену чи почати презентацію, чітко визначте свою мету. Ви хочете донести інформацію, мотивувати людей до дії чи просто поділитися досвідом? Чітке розуміння мети допоможе вам скласти план виступу.
- **Знайте свою аудиторію**: Розуміння того, хто буде слухати ваш виступ, допоможе адаптувати мову та зміст. Наприклад, з молодшою аудиторією можна використовувати неформальні вирази, а з керівниками чи партнерами — більш формальну лексику.

- **Структуруйте виступ**: Виступ має бути зрозумілим і логічним. Розбийте його на вступ, основну частину і висновки. У вступі коротко окресліть основні пункти, у основній частині — розкрийте питання, а у висновках — підсумуйте основні ідеї.
- **Практика**: Репетируйте свій виступ перед дзеркалом або з другом. Це допоможе вам підвищити рівень комфорту та впевненості.

2. Використання невербальних засобів комунікації

- **Зоровий контакт**: Утримання зорового контакту з аудиторією допомагає встановити зв'язок і показує вашу впевненість. Не варто дивитись лише на свої нотатки чи екран презентації.
- **Жести та міміка**: Використовуйте жести для підкріплення своїх слів, але не перебільшуйте. Ваша міміка повинна відповідати темі виступу.
- **Позу і рухи**: Стоячи, дотримуйтесь відкритої пози — не ховайте руки за спину або в кишенях. Уникайте нервових рухів (наприклад, розгойдування чи дрібних рухів).
- **Темп та голос**: Говоріть чітко, не надто швидко, щоб аудиторія могла зрозуміти вашу точку зору. Варіюйте темп і тон, щоб уникнути монотонності.

3. Протокол на публічних заходах

Протокол є набором правил і норм поведінки, які допомагають забезпечити порядок на публічних заходах. Дотримання протоколу важливе як для створення гарного враження, так і для того, щоб уникнути непорозумінь.

- **Чітке дотримання ієрархії**: При виступах важливо враховувати порядок присутніх за званням чи посадою. Якщо ви виступаєте перед високопосадовими особами, не забудьте про поважний жест — наприклад, почніть виступ з вітання чи вказівки на їх присутність.
- **Точність у часі**: Запізнення на публічні заходи — це не тільки порушення протоколу, але й неповага до слухачів і організаторів. Завжди будьте пунктуальними.
- **Вітання та вручення візиток**: Вітання повинно бути ввічливим і формальним. У разі вручення візиток важливо зробити це відповідно до протоколу: візитку варто подавати двома руками, з розворотом тексту до отримувача.
- **Правила одягу**: Одяг залежить від типу заходу, але завжди важливо відповідати стандартам етикету. Для формальних заходів зазвичай потрібен діловий стиль, для неформальних — більш вільний, але все одно професійний.
- **Дотримання мовних норм**: Використовуйте ввічливу, не надто розмовну мову, особливо при спілкуванні з людьми високого статусу. Не допускайте жартів чи виразів, які можуть бути неумісними.

4. Поводження під час обговорення та запитань

- **Відповідність на питання**: Якщо вам задають питання під час виступу, будьте готові до того, щоб відповісти спокійно, впевнено та по суті. Не відхиляйтесь від теми і не бійтеся визнавати, якщо ви не знаєте відповіді.

- **Респект до інших думок**: Якщо на запитання чи коментарі є заперечення, відповідайте ввічливо і з повагою. Уникайте конфронтацій.
- **Контроль емоцій**: Під час публічних виступів не забувайте, що ви представляєте не тільки себе, але й компанію чи організацію. Тому контроль над емоціями і поводженням — важлива частина успіху.

5. Завершення виступу

- **Підсумок**: Підсумуйте основні тези вашого виступу та визначте ключові моменти для подальших дій.
- **Вдячність**: Завершіть виступ подякою за увагу і запросіть до запитань. Це створює відкриту атмосферу для подальшого обговорення.
- **Вихід**: Після завершення виступу залишайтесь на місці, якщо передбачено обговорення чи запитання, або виходьте плавно та без поспіху, зберігаючи професіоналізм.

Успішний публічний виступ вимагає не тільки правильних слів і знань, але й дотримання етикету, дисципліни, вміння слухати та взаємодіяти з аудиторією. Пам'ятайте, що підготовка, правильне дотримання протоколу та етикету допоможуть вам виглядати професійно, встановити позитивні відносини з вашою аудиторією і досягти бажаного результату.

Як проявити ініціативу без нав'язливості

Проявити ініціативу на роботі чи в інших професійних ситуаціях — це важлива риса, яка демонструє вашу активність, бажання брати на себе відповідальність і рухати процеси вперед. Однак важливо знайти баланс, щоб ваша ініціатива не стала нав'язливою і не викликала у оточуючих відчуття, що ви намагаєтеся порушити їхній простір чи перебрати на себе забагато функцій. Ось кілька порад, як проявити ініціативу без нав'язливості:

1. Чітке розуміння контексту та потреб

- Перш ніж проявляти ініціативу, важливо чітко зрозуміти, чи дійсно є потреба в вашій допомозі або ідеї. Придивіться до ситуації, спостерігайте, чи є у команди або колег проблеми, які можна вирішити.
- Проявляйте ініціативу лише тоді, коли бачите можливість принести користь і зрозуміли, що ваша пропозиція буде корисною для всіх.

2. Пропонуйте рішення, а не лише вказуйте на проблему

- Якщо ви виявили проблему, не просто говоріть про неї, а запропонуйте варіанти її вирішення. Ваша ініціатива стане більш конструктивною і не буде виглядати як втручання чи критика.

3. Будьте тактовними і делікатними

- Під час вираження ініціативи важливо враховувати чутливість ситуації. Якщо ви пропонуєте ідею чи допомогу, зробіть це в доброзичливій формі, без тиску. Наприклад: "Можливо, було б корисно спробувати таке..." або "Я маю ідею, яку можна було б обговорити, якщо вам цікаво..."

4. Не нав'язуйтеся

- Якщо ваша ініціатива не була підтримана чи відкладена, не потрібно наполягати або повторювати свої пропозиції занадто часто. Дайте час на обміркування і надайте підтримку без нав'язування.

5. Показуйте готовність допомогти, а не заміняти когось

- Ініціативність — це не те, щоб узяти на себе чиїсь обов'язки або замінити колегу, а швидше про готовність допомогти, поділитися ідеями чи внести свій вклад у досягнення спільної мети. Тому важливо підходити до ситуації з повагою до чужої ролі і не створювати враження, що ви хочете забрати роботу у когось.

6. Залишайте простір для інших

- Ініціативність також полягає в тому, щоб давати простір іншим. Підтримуйте ідеї колег і допомагайте реалізувати їх, замість того щоб лише зосереджуватися на власних пропозиціях.

7. Використовуйте комунікацію

- Якщо ви хочете проявити ініціативу в груповій роботі чи проекті, обов'язково проконсультуйтесь з іншими членами команди. Це дозволить уникнути конфліктів і переконатися, що ваша ініціатива буде підтримана.

8. Будьте готові до зворотного зв'язку

- Прийняття критики чи зауважень після проявлення ініціативи є важливим аспектом. Показати, що ви відкриті до зауважень і готові адаптувати свої пропозиції, дозволяє зберігати повагу до інших та уникати відчуття нав'язливості.

Проявляючи ініціативу, важливо діяти з розумінням контексту і не забувати про чутливість ситуації. Ключовим є підтримка конструктивного підходу і взаємоповаги, коли ви пропонуєте ідеї чи пропозиції. Здатність враховувати потреби команди, не перевантажуючи її, а також відкритість до діалогу і зворотного зв'язку допомагають створювати сприятливе середовище для розвитку і реалізації ініціатив.

6. ДРЕС-КОД І ЗОВНІШНІЙ ВИГЛЯД

Дрес-код і зовнішній вигляд є важливою складовою частиною корпоративного етикету. Вони відіграють ключову роль у створенні професійного іміджу, підтримці певного рівня довіри до організації та сприянні ефективній комунікації. Зовнішній вигляд відображає не тільки особисті стандарти, але й корпоративну культуру, тому його дотримання є важливим для кожного співробітника.

1. Значення дрес-коду в корпоративному середовищі

Дрес-код — це набір вимог до зовнішнього вигляду співробітників, який визначається політикою компанії. Він допомагає формувати враження про організацію, створюючи професіоналізм і довіру серед клієнтів, партнерів і колег.

Основні функції дрес-коду:

- **Створення єдиного образу**: Дрес-код допомагає створити чітке і гармонійне враження про організацію, де всі співробітники виглядають належним чином і відповідають загальним вимогам.
- **Підвищення професіоналізму**: Стильний і охайний вигляд підкреслює високі стандарти компанії та серйозне ставлення до роботи.
- **Покращення комунікації**: Встановлення єдиних стандартів щодо одягу допомагає

уникнути конфліктів і непорозумінь, пов'язаних із зовнішнім виглядом.

2. Типи дрес-коду

У різних компаніях можуть бути різні вимоги до зовнішнього вигляду співробітників, і існує кілька основних типів дрес-коду:

- **Бізнес-кежуал (business casual)**: Це більш вільний стиль, ніж формальний дрес-код, але все одно передбачає професійний вигляд. Для чоловіків це може бути сорочка і штани, для жінок — сукня чи блузка з брюками або спідницею.
- **Формальний (business formal)**: Для формальних ситуацій потрібен класичний костюм, з серйозним підходом до деталей, таких як краватка для чоловіків і класичний одяг для жінок.
- **Креативний дрес-код**: Деякі компанії, зокрема в галузях мистецтва чи дизайну, можуть дозволяти більш експериментальний підхід до одягу, зберігаючи при цьому професіоналізм.
- **Повсякденний (casual)**: У деяких компаніях дозволяється вільний стиль одягу, за умови, що він не порушує основних принципів професіоналізму і охайності.

3. Поради щодо зовнішнього вигляду

Для того, щоб ваш зовнішній вигляд відповідав корпоративному етикету, слід дотримуватися кількох загальних принципів:

- **Охайність**: Одяг повинен бути чистим, випрасуваним і в хорошому стані. Охайний вигляд є основою професіоналізму.
- **Пропорційність і відповідність обстановці**: Обирайте одяг, який відповідає вашій посаді, компанії та ситуації. Для важливих зустрічей чи презентацій обирайте більш формальний стиль, для повсякденних робочих днів — більш вільний.
- **Уважність до деталей**: Звертайте увагу на аксесуари, взуття і навіть манікюр. Все це має бути відповідно до загального стилю і не відволікати увагу від роботи.
- **Підтримка корпоративної культури**: Важливо враховувати вимоги компанії. Якщо компанія підтримує певний стиль одягу, важливо дотримуватись цього, навіть якщо ваша особиста перевага відрізняється.

4. Вплив на кар'єрний ріст

Зовнішній вигляд безпосередньо пов'язаний з тим, як вас сприймають на роботі. Правильний дрес-код може допомогти вам справити враження на колег і керівництво, створити враження відповідальної і серйозної людини, яка дбає про свій імідж.

- **Враження на клієнтів та партнерів**: Ваш зовнішній вигляд може відігравати важливу роль у перших зустрічах з клієнтами, партнерами та інвесторами. Вигляд, який відповідає корпоративним вимогам, створює атмосферу довіри та професіоналізму.

- **Самопочуття та впевненість**: Коли ви виглядаєте охайно і відповідно до ситуації, це позитивно впливає на вашу самооцінку і рівень впевненості в собі. Це, в свою чергу, може покращити вашу продуктивність та взаємодію з колегами.

5. Корисні поради для правильного вибору одягу

- **Не перестарайтеся**: Завжди слідкуйте, щоб ваш одяг був доречним для робочої обстановки. Вибір одягу не має бути занадто виразним чи відволікаючим.
- **Аксесуари та парфуми**: Не переборщуйте з аксесуарами та парфумами. Вони повинні бути стриманими і гармонійно поєднуватися з вашим загальним виглядом.
- **Підтримуйте стиль компанії**: Якщо ваша компанія підтримує строгий формалізм у виборі одягу, будьте в курсі цих вимог. Якщо компанія має більш ліберальні стандарти, використовуйте це як можливість проявити свою індивідуальність, дотримуючись професіоналізму.

Дрес-код і зовнішній вигляд є невід'ємною частиною корпоративного етикету, адже вони формують перше враження про співробітників і компанію в цілому. Правильний підхід до вибору одягу та увага до деталей допомагає підтримувати професіоналізм, сприяє комфортній робочій атмосфері та підвищує ефективність комунікації в команді. Важливо пам'ятати, що зовнішній вигляд має бути не тільки візитною карткою, але й виразом вашої поваги до себе, колег і компанії.

Як одягатися доречно для різних випадків

Одягатися доречно для різних випадків — це важлива складова корпоративного етикету, яка допомагає створити професійний і впевнений образ, а також демонструє ваше розуміння ситуації та повагу до інших. Залежно від обставин, вибір одягу може змінюватися, і важливо знати, як правильно підібрати одяг для різних випадків.

1. Офіційні зустрічі та ділові переговори

Для таких ситуацій важливо вибирати строгий, класичний одяг. Це дозволяє продемонструвати серйозне ставлення до ситуації та створити враження професіонала.

- **Для чоловіків**: класичний костюм, сорочка, краватка, акуратно підібране взуття. У випадку ділових переговорів важливо звернути увагу на колір і тканину костюма. Під час холодної пори року можна додати стильний пальто чи кардиган.
- **Для жінок**: костюм (спідниця чи брюки + жакет), блуза чи сорочка, акуратне взуття (наприклад, класичні туфлі на низькому каблуці або балетки). Важливо, щоб одяг був не надто відкритим і підходив до формату зустрічі.

2. Бізнес-кежуал (business casual)

Цей стиль дозволяє поєднувати комфорт і професіоналізм, підходить для робочих днів, коли не потрібно суворо дотримуватися класичного дрес-коду.

- **Для чоловіків**: брюки або чинос, сорочка без краватки, светр або пуловер (особливо в холодну пору року), туфлі або лофери.
- **Для жінок**: спідниця або брюки, блуза або топ, жакет чи кардиган. Взуття — акуратні туфлі, черевики або балетки.

3. Неофіційні або творчі зустрічі

Якщо ви працюєте в креативній сфері, де не існує жорстких вимог до зовнішнього вигляду, ваш стиль може бути більш вільним, але важливо зберігати професіоналізм.

- **Для чоловіків**: джинси або чинос, футболка чи поло, куртка або легкий светр. Взуття може бути не таким строгим — стильні кеди або черевики.
- **Для жінок**: стильний джинсовий костюм, сукня або спідниця в поєднанні з футболкою чи топом, зручне взуття, наприклад, кеди або ботильйони.

4. Повсякденний стиль (Casual)

Це більш вільний стиль для робочих днів або неформальних заходів. Він дозволяє вибирати одяг, який комфортний і відповідає загальним вимогам до зовнішнього вигляду.

- **Для чоловіків**: джинси або чинос, футболка чи рубашка, легка куртка або светр, зручне взуття (кеди, мокасини).
- **Для жінок**: джинси, футболка, светр чи кардиган, зручне взуття — кросівки або черевики.

5. Спеціальні заходи (гала-вечори, прийоми)

Якщо ви маєте відвідувати подібні заходи, одяг має бути елегантним і відповідати формату події.

- **Для чоловіків**: смокінг або класичний костюм з краваткою. Вибір кольору та тканини має бути елегантним — чорний або темно-синій костюм, біла сорочка.
- **Для жінок**: вечірня сукня (підлога або середня довжина), елегантне взуття, стильні аксесуари.

6. Зустрічі з клієнтами та партнерами

Для таких зустрічей одяг має бути професійним і відповідати вимогам компанії, але також комфортним, щоб не відволікати від основного процесу.

- **Для чоловіків**: костюм або класичні брюки з сорочкою, туфлі. Якщо зустріч не формальна, можна обрати костюм без краватки або бізнес-кежуал стиль.
- **Для жінок**: костюм або стильна сукня, акуратне взуття, мінімум аксесуарів.

7. Спортивний стиль

Якщо ваша діяльність або захід передбачає фізичну активність, обирайте спортивний одяг, що підходить до ситуації.

- **Для чоловіків і жінок:** спортивний костюм, кросівки. Для активного відпочинку чи спортивних заходів важливо вибирати зручне, дихаюче взуття і одяг.

Поради щодо правильного вибору одягу для будь-якої ситуації:

1. **Уважно ставтеся до деталей.** Переконайтеся, що ваш одяг виглядає охайно, чисто і випрасувано.
2. **Ураховуйте корпоративну культуру.** Важливо розуміти стиль одягу вашої компанії та її вимоги до зовнішнього вигляду.
3. **Не переборщуйте з аксесуарами.** Вони мають бути простими і відповідати загальному образу.
4. **Уникайте одягу, який може відволікати від роботи.** Занадто яскраві кольори або екстравагантні елементи можуть заважати спілкуванню.
5. **Будьте впевненими у своєму виборі.** Вибір одягу має бути зручним для вас і відповідати ситуації.

Доречний одяг для кожної ситуації — це прояв професіоналізму і поваги до оточення. Правильний вибір стилю одягу допомагає створити гармонійний імідж, підвищує впевненість у собі та сприяє успішній комунікації в команді чи з клієнтами.

Охайність як частина іміджу

Охайність — це важлива складова професійного вигляду, яка впливає на сприйняття людини оточенням. Охайність відображає вашу увагу до деталей, повагу до себе і інших, а також ваше ставлення до роботи та до виконання своїх обов'язків.

1. Що таке охайність?

Охайність — це не лише чистота та порядок у зовнішньому вигляді, а й загальна доглянутість, організованість та уважність до деталей. Вона включає в себе:

- чистоту одягу,
- акуратне волосся,
- відсутність дефектів у зовнішньому вигляді (плями, помятості),
- охайні взуття та аксесуари,
- доглянуту шкіру та нігті.

2. Чому охайність важлива для іміджу?

Охайний вигляд справляє враження на оточення і допомагає сформувати позитивний імідж:

- **Професіоналізм.** Охайність є прямим свідченням вашої організованості та уваги до деталей. Це показує, що ви серйозно ставитеся до свого образу і роботи.

- **Поважання до інших.** Якщо ви виглядаєте охайно, це демонструє повагу до людей навколо вас, особливо до колег, клієнтів або партнерів.
- **Збільшення впевненості.** Коли ви виглядаєте охайно, ви відчуваєте себе більш впевнено, що, у свою чергу, позитивно впливає на ваші результати в роботі.
- **Покращення соціальних взаємин.** Охайний зовнішній вигляд допомагає людям відчувати себе комфортно у вашій присутності, знижуючи бар'єри для ефективної комунікації.

3. Як досягти охайного вигляду?

- **Чистота і догляд за одягом.** Переконайтеся, що ваш одяг чистий, випрасуваний і не має плям чи пошкоджень. Костюм чи інший одяг має бути в хорошому стані.
- **Зачіска.** Ваше волосся повинне бути чистим, акуратно оформленим і відповідати стилю, який ви хочете продемонструвати. Прості зачіски, які не відволікають увагу, завжди виглядають професійно.
- **Загальний вигляд.** Переконайтеся, що ваше взуття в чистому та охайному стані. Нігті повинні бути доглянутими, а шкіра — здоровою.
- **Важливість деталей.** Стежте за тим, щоб не було помітних дефектів у вашому вигляді: немиті чи неохайно укладені волосся, зіпсовані аксесуари чи неправильний вибір кольору одягу можуть зіпсувати ваш імідж.

- **Доглянутість у дрібницях.** Зручні аксесуари, акуратно підібрані парфуми, чиста сумка або портфель — все це створює враження вашої охайності.

4. Охайність і культура компанії

Кожна компанія має свої вимоги до вигляду співробітників, і важливо враховувати корпоративну культуру при формуванні свого іміджу. Наприклад:

- У творчих компаніях охайність може бути менш формальною, але, тим не менш, вам слід виглядати доглянутим і стильним.
- В офіційних чи корпоративних компаніях дрес-код та охайність можуть бути більш строгими, що вимагає більш ретельного підходу до вибору одягу та зовнішнього вигляду.

Охайність — це не тільки відображення вашої зовнішньої привабливості, але й прояв вашого ставлення до себе та до оточення. Вона стає важливою частиною вашого іміджу, допомагаючи побудувати довіру, показати ваш професіоналізм і вміння взаємодіяти з іншими. Доглянутий вигляд створює позитивне враження і допомагає вам відчувати себе впевнено на будь-якому робочому етапі.

7. КОРПОРАТИВНІ ЗАХОДИ ТА НЕФОРМАЛЬНЕ СПІЛКУВАННЯ

Корпоративні заходи та неформальне спілкування є важливим інструментом для створення сильної корпоративної культури. Вони дозволяють співробітникам познайомитися один з одним у неформальній обстановці, знижують стрес, підвищують рівень довіри та покращують командну роботу. Однак, незважаючи на те, що ці заходи проводяться у невимушеній атмосфері, важливо дотримуватися певних норм і правил поведінки, аби зберегти професіоналізм і не втратити своєї репутації.

Правила поведінки на тімбілдингах та святах

1. **Дотримання етикету на корпоративних заходах:**
   - **Вибір одягу:** Одяг на корпоративні заходи повинен бути відповідним до типу події. На тімбілдингах, що проводяться на природі чи в спортивному стилі, можна вибрати зручний і практичний одяг, однак на корпоративних святах, що проходять в ресторанах чи на елегантних локаціях, бажано обирати більш формальний стиль.
   - **Пунктуальність:** Запізнення на тімбілдинг чи корпоративне свято може

бути сприйняте як неповага до організаторів і колег. Завжди намагайтеся приходити вчасно, щоб не упустити важливі моменти заходу та показати свою відповідальність.

2. **Взаємоповага та тактовність у спілкуванні:**

    o **Не переходьте межу в спілкуванні:** Нехай неформальне спілкування не стає надмірно фамільярним. Уникайте вживання непристойних жартів, знущань або обговорення особистих проблем. Пам'ятайте, що кожен учасник має свої межі комфорту, і не всі готові до такого рівня близькості.

    o **Підтримка колег:** На тімбілдингах важливо демонструвати підтримку, бути відкритим до спільної роботи та взаємодії. Якщо завдання вимагає командної роботи, активно залучайтеся і показуйте свою готовність працювати на спільний результат.

3. **Алкоголь і дозоване споживання:**

    o **Контролюйте кількість алкоголю:** Якщо на корпоративному заході надається алкоголь, важливо пам'ятати про міру. Надмірне споживання може негативно вплинути на вашу репутацію, створити конфлікти або непорозуміння в колективі. Завжди пийте відповідально і пам'ятайте, що ви є представником компанії.

- **Повага до меж інших:** Ваша поведінка на святі не повинна створювати незручності для інших учасників. Підтримуйте спокійну та дружню атмосферу, навіть якщо захід проходить з алкоголем.

4. **Етикет спілкування з керівництвом:**

    - **Залишайте субординацію:** На корпоративних заходах важливо не забувати про межі між керівництвом та підлеглими. Хоча спілкування може бути більш неформальним, не слід переходити межу і вести себе занадто особисто з керівниками. Ви повинні проявляти ввічливість і коректність у спілкуванні, не допускаючи фамільярностей.

Як знайти баланс між дружелюбністю та професіоналізмом

1. **Активна участь, але без домінування:**

    - Будьте активним учасником заходів, підтримуйте колег та проявляйте ініціативу, але не намагайтеся завжди бути в центрі уваги або контролювати всі процеси. Ваша активність має бути позитивною і спрямованою на підтримку командної роботи, а не на власне визнання.

2. **Рівноправність у спілкуванні:**

- На корпоративних заходах важливо не ставити себе вище за інших. Якщо ви вищий за посадою співробітник, не забувайте про важливість рівноправ'я в спілкуванні. Уникайте ставити себе в позицію "керівника" і дозволяйте собі бути доступним для всіх співробітників, незалежно від їх посади.

3. **Залишайте межу між особистим та професійним життям:**

 - Корпоративні заходи — це чудова можливість для неформальних бесід, але важливо залишати професіоналізм в кожному діалозі. Уникайте занадто особистих тем, які можуть перетворити невимушену розмову на конфлікт чи непорозуміння.

4. **Слухайте та поважайте інших:**

 - Навіть на корпоративних заходах важливо бути уважним слухачем. Не перебивайте співрозмовників і не нав'язуйте свою думку. Слухайте своїх колег, навіть якщо їхні погляди відрізняються від ваших. Це допоможе зберегти атмосферу довіри і взаємоповаги.

5. **Неформальне спілкування без втрати етикету:**

 - Дружелюбність — це ключ до гармонійних стосунків у команді, але важливо зберігати здорові межі. Ваша мета — це створити атмосферу довіри та комфорту, але в той же час не втратити своєї ролі в команді і продовжувати демонструвати відповідальність.

Корпоративні заходи та неформальне спілкування можуть стати важливим інструментом для розвитку взаєморозуміння і згуртованості в команді. Однак, для того щоб ці заходи були ефективними, потрібно зберігати правильний баланс між дружелюбністю та професіоналізмом. Повага до колег, дотримання етикету і субординації допомагають створити атмосферу, в якій кожен співробітник відчуває себе цінним членом команди, а також розуміє важливість професійної поведінки навіть у неформальному середовищі.

8. РОБОТА З КЛІЄНТАМИ ТА ПАРТНЕРАМИ

Корпоративний етикет в роботі з клієнтами та партнерами

Робота з клієнтами та партнерами є однією з ключових складових успішного бізнесу. Професійний корпоративний етикет у взаємодії з цими важливими учасниками ринку не лише створює імідж компанії, але й сприяє зміцненню ділових відносин, підвищенню довіри та ефективності співпраці. Дотримання певних етикетних норм у спілкуванні з клієнтами і партнерами допомагає запобігти конфліктам, забезпечити довготривалі партнерські стосунки та сприяти успішному розвитку компанії.

1. Повага до часу клієнта та партнера

Час є важливим ресурсом, особливо для бізнесменів і партнерів, тому важливо поважати його.

- **Пунктуальність:** Завжди дотримуйтеся встановлених термінів зустрічей та дзвінків. Запізнення може створити негативне враження про вас і вашу компанію, особливо якщо це повторюється.
- **Чіткість у спілкуванні:** Уникайте затягування розмов, якщо питання можна вирішити швидко і ефективно. Оскільки час партнера або клієнта також обмежений, важливо бути лаконічним і коректно висловлювати свої думки.

2. Ввічливість і професіоналізм

Під час взаємодії з клієнтами та партнерами важливо демонструвати свою ввічливість і високий рівень професіоналізму.

- **Привітність:** Починайте кожну розмову з привітання, незалежно від того, чи це зустріч або дзвінок. Пам'ятайте, що перше враження має важливе значення для подальших відносин.
- **Тон розмови:** Підтримуйте ввічливий, професійний тон у всіх видах комунікації. Уникайте жаргонів, грубих висловів та надмірної фамільярності.
- **Поважайте думки інших:** Слухайте клієнтів і партнерів з повагою, не перебиваючи їх. Навіть якщо їхня точка зору не збігається з вашою, важливо проявити тактовність і вміння вислухати.

3. Комунікація на різних рівнях

Різні типи взаємодії вимагають відповідних підходів до комунікації.

- **Усна комунікація:** Під час телефонних дзвінків або особистих зустрічей слід бути уважним до того, щоб не порушити межі особистого простору співрозмовника. Стежте за своїм голосом і мовою тіла.
- **Електронна комунікація:** У листах і повідомленнях будьте лаконічними і формальними. Уникайте необґрунтованих емоцій або надмірної неформальності. Почніть

лист із ввічливого звернення та чітко сформулюйте основну інформацію.

4. Дотримання конфіденційності

Будьте обережними в обміні інформацією. Клієнти та партнери повинні бути впевнені, що ваша компанія належно ставиться до їхніх даних і не розголошує конфіденційну інформацію.

- **Конфіденційність:** Ніколи не розголошуйте дані клієнтів або партнерів без їх дозволу, навіть якщо інформація виглядає незначною. Це може завдати шкоди репутації компанії.
- **Захист особистої інформації:** Якщо в ході співпраці вам доводиться працювати з особистими даними, забезпечте належний рівень їх зберігання та захисту.

5. Презентація і пропозиції

Презентація компанії та її продуктів або послуг має бути максимально зрозумілою і професійною.

- **Чіткість пропозиції:** Коли ви представляєте свою пропозицію або продукт, переконайтесь, що вона зрозуміла та чітко відображає вигоди для клієнта або партнера.
- **Адаптація до потреб партнера:** Презентуючи рішення, зосередьтеся на тому, як ваша пропозиція може задовольнити потреби партнера або клієнта, адаптуйте свою мову до конкретної ситуації і не нав'язуйте занадто складні технічні терміни, якщо вони не потрібні.

6. Рішення конфліктів

У випадку виникнення конфліктів важливо залишатися спокійним і зберігати професіоналізм.

- **Розв'язання проблем:** Якщо проблема виникла, підходьте до її вирішення обережно, не намагаючись перекласти провину на іншу сторону. Визнайте проблему і запропонуйте шляхи її усунення.
- **Не затягуйте питання:** Якщо виникає непорозуміння, намагайтеся вирішити його якомога швидше і не дозволяйте конфлікту ескалувати.

7. Вдячність і демонстрація поваги

Щиро дякуйте партнерам і клієнтам за співпрацю, навіть якщо вона не завершилася успішно. Демонстрація вдячності допомагає зберегти позитивний імідж компанії і створює умови для можливих майбутніх співпраць.

- **Завжди дякуйте:** Коли ви завершили роботу з клієнтом або партнером, важливо подякувати за співпрацю. Це створює атмосферу довіри і відкриває можливості для подальшого розвитку відносин.
- **Регулярні зв'язки:** Підтримуйте контакт з клієнтами і партнерами, навіть якщо вони не є вашими постійними клієнтами. Це допомагає зберігати відносини та демонструє вашу відповідальність і зацікавленість.

Корпоративний етикет у роботі з клієнтами та партнерами є основою для розвитку довготривалих і взаємовигідних ділових відносин. Дотримання етикетних норм допомагає створювати атмосферу довіри, поваги і професіоналізму, що сприяє розвитку бізнесу. Повага до часу, коректність у спілкуванні, вміння ефективно вирішувати проблеми та демонстрація вдячності дозволяють створювати міцні партнерські зв'язки, які згодом приносять значну вигоду для всіх учасників співпраці.

Як будувати довготривалі партнерства

Будування довготривалих партнерств є основою для стабільного розвитку бізнесу та забезпечення взаємовигідних відносин на тривалий період. Це вимагає не лише професіоналізму, але й готовності до взаємодії, адаптації та постійного вдосконалення співпраці. Ось кілька важливих принципів і стратегій для побудови таких партнерств:

1. Взаємна довіра

Основою будь-якого успішного партнерства є довіра. Це включає в себе не тільки чесність у ділових відносинах, але й здатність покладатися один на одного навіть у складних ситуаціях.

- **Відкритість та прозорість:** Будьте чесними і прозорими у своїх діях, не приховуйте інформацію, яка може вплинути на співпрацю.
- **Виконання обіцянок:** Кожен обов'язок і домовленість повинні бути виконані вчасно. Довіра збудується, якщо ви послідовно дотримуєтесь своїх зобов'язань.

2. Чіткі очікування та цілі

Для побудови довготривалого партнерства важливо мати чітке розуміння того, що ви хочете досягти разом з партнером. Успішна співпраця можливе лише тоді, коли обидві сторони мають спільні цілі.

- **Визначення спільних цілей:** На початку співпраці чітко обговоріть, що саме ви хочете досягти і як це можна реалізувати.
- **Гнучкість у підходах:** Партнери можуть мати різні шляхи досягнення своїх цілей, тому важливо підтримувати відкритий діалог і гнучкість у планах.

3. Взаємна вигода

Партнерства мають бути вигідними для обох сторін. Коли один партнер отримує більше вигоди, ніж інший, це може призвести до незадоволеності і навіть до розриву відносин.

- **Обмін ресурсами та знаннями:** Залучайте партнера до спільних ініціатив, обмінюйтеся ресурсами, знаннями та досвідом для досягнення кращих результатів.
- **Розподіл вигод:** Переконайтесь, що вигоди від партнерства будуть розподілені справедливо, і кожен партнер матиме вигоду від співпраці.

4. Постійний розвиток і адаптація

Світ бізнесу змінюється, і успішні партнерства не можуть залишатися статичними. Необхідно регулярно адаптувати свої стратегії і підходи, щоб відповідати новим умовам.

- **Підтримка інновацій:** Не бійтеся впроваджувати нові технології, стратегії або інструменти для покращення співпраці.
- **Аналіз результатів:** Регулярно аналізуйте ефективність партнерства і шукайте шляхи для вдосконалення відносин і досягнення кращих результатів.

5. Взаємоповага та етика

Довготривале партнерство потребує високого рівня взаємоповаги та етики. Поважайте погляди, культуру та способи роботи вашого партнера, навіть якщо вони відрізняються від ваших.

- **Коректне спілкування:** Поважайте інтереси та потреби партнера, слухайте їх пропозиції і враховуйте при прийнятті рішень.
- **Етичні стандарти:** Залишайтеся в межах етичних норм і правил, навіть коли ситуація стає складною.

6. Підтримка в складних ситуаціях

Не завжди співпраця буде проходити гладко, і час від часу можуть виникати труднощі чи непорозуміння. У такі моменти важливо бути готовим вирішувати конфлікти і підтримувати партнера.

- **Пошук компромісів:** Вмійте знаходити рішення, яке буде влаштовувати обидві сторони, навіть якщо це вимагає поступок.
- **Підтримка в кризових ситуаціях:** Якщо у партнера виникають проблеми, проявіть

підтримку. Це допоможе зміцнити довіру та побудувати міцніші стосунки.

7. Регулярний зворотний зв'язок

Надання зворотного зв'язку є важливим для вдосконалення партнерства. Це допомагає виявити слабкі місця, а також показує партнеру, що ви зацікавлені у постійному поліпшенні співпраці.

- **Чіткий зворотний зв'язок:** Вчасно надавайте партнеру зворотний зв'язок щодо роботи, позитивних моментів і проблемних аспектів співпраці.
- **Збір відгуків:** Заохочуйте партнера надавати зворотний зв'язок щодо вашої роботи та співпраці, що дозволяє вам вдосконалювати підходи.

8. Створення довготривалих відносин на основі спільних цінностей

Для побудови дійсно довготривалого партнерства важливо, щоб обидві сторони мали схожі цінності і принципи ведення бізнесу. Спільні етичні норми та цілі створюють гармонію і розуміння між партнерами.

- **Подібність цінностей:** Знайдіть партнера, чиї бізнес-цінності і культура збігаються з вашими, адже це забезпечить більш стійке та результативне співробітництво.

- **Стійкість до змін:** Партнери, які поділяють спільні принципи та цінності, з більшою ймовірністю зможуть витримати будь-які зміни та випробування на ринку.

Будування довготривалих партнерських відносин потребує часу, терпіння та готовності до взаємних поступок. Довіра, взаємна вигода, професіоналізм і спільні цінності є основними факторами успіху в побудові стабільних і вигідних партнерств. Це не тільки сприяє розвитку бізнесу, але й створює довгострокові, взаємно корисні зв'язки, які зможуть приносити користь сторонам протягом багатьох років.

9. ДИСТАНЦІЙНА РОБОТА ТА ОНЛАЙН-ЕТИКЕТ

Дистанційна робота – це форма професійної діяльності, за якої співробітники виконують свої обов'язки поза офісом, часто з використанням цифрових інструментів для комунікації та координації. Такий формат роботи вимагає особливого підходу до взаємодії, щоб підтримувати професіоналізм і продуктивність.

Онлайн-етикет – це набір правил поведінки в цифровому середовищі, який сприяє ефективному спілкуванню, побудові довірливих відносин і забезпеченню професійного іміджу.

Основні принципи дистанційної роботи та онлайн-етикету:

1. **Організація робочого простору:**
   - Встановіть чітку зону для роботи вдома, щоб уникнути відволікань.
   - Переконайтеся, що фон під час відеодзвінків виглядає охайно.
2. **Дотримання графіку:**
   - Виконуйте роботу в межах обумовлених годин і поважайте графік інших учасників команди.
3. **Комунікація:**

- Дотримуйтеся ввічливості та точності в онлайн-листуванні й під час дзвінків.
- Використовуйте професійний тон і звертайте увагу на те, як ваші слова можуть сприйматися без невербальних сигналів.

4. **Етикет відеоконференцій:**

   - Завчасно перевіряйте камеру, мікрофон і підключення до інтернету.
   - Використовуйте камеру, якщо це не суперечить контексту, і залишайтеся зосередженими на зустрічі.

5. **Продуктивність і баланс:**

   - Плануйте робочий день і робіть перерви для підтримки ефективності.
   - Відокремлюйте особистий час від робочого, щоб уникнути вигоряння.

Дотримання правил онлайн-етикету допомагає зберігати професіоналізм, сприяє довірі й взаємоповазі між колегами, партнерами та клієнтами, а також створює комфортні умови для співпраці в цифровому середовищі

Як залишатися професіоналом у віртуальному середовищі

Робота в онлайн-просторі вимагає дотримання професійних стандартів і правил, які допомагають підтримувати ефективну взаємодію та позитивний імідж. Ось ключові аспекти, які варто враховувати:

1. Створення професійного робочого середовища

- Організуйте комфортне та функціональне місце для роботи. Уникайте відволікаючих елементів.
- Використовуйте нейтральний чи офіційний фон під час відеодзвінків, особливо якщо ваша діяльність включає регулярну взаємодію з клієнтами або партнерами.

2. Планування та тайм-менеджмент

- Дотримуйтесь чіткого робочого розкладу, щоб уникнути перевантаження та не порушувати особисті межі.
- Заздалегідь плануйте зустрічі й завдання, враховуючи різницю в часових поясах, якщо працюєте з міжнародними колегами.

3. Віртуальна комунікація

- Використовуйте чіткий і ввічливий тон у текстовій та відеокомунікації. Пам'ятайте, що в текстових повідомленнях відсутні емоційні сигнали, тому важливо уникати двозначностей.
- Уникайте неформальної мови в офіційному спілкуванні.

4. Дотримання правил відеодзвінків

- Завжди перевіряйте технічну готовність перед зустрічами (звук, камера, інтернет).
- Вмикайте камеру, якщо це доречно, щоб забезпечити більшу залученість і взаємодію.
- Залишайте мікрофон вимкненим, коли ви не говорите, щоб уникнути стороннього шуму.

5. Охайність та зовнішній вигляд

- Навіть працюючи дистанційно, обирайте доречний одяг, особливо для відеоконференцій. Це демонструє вашу повагу до колег і клієнтів.

6. Етика віртуального спілкування

- Вчасно відповідайте на повідомлення та запити.
- Зберігайте прозорість у спілкуванні: якщо виникають затримки або проблеми, повідомляйте про це заздалегідь.

7. Конфіденційність та безпека

- Захищайте робочі дані, використовуючи надійні паролі та дотримуючись політики конфіденційності компанії.
- Використовуйте захищені канали для обміну інформацією.

8. Залученість та активність

- Проявляйте ініціативу, беріть участь в обговореннях і пропонуйте ідеї.
- Будьте доступними для спілкування у визначений робочий час.

Дотримання цих принципів допоможе вам зберегти професіоналізм у дистанційному середовищі та сприятиме ефективній співпраці з колегами, клієнтами і партнерами.

Норми відеодзвінків і онлайн-спілкування

Етикет відеозустрічей та онлайн-спілкування є важливим аспектом сучасної дистанційної роботи. Він допомагає зберегти професійний імідж, створити ефективне середовище для роботи й уникнути непорозумінь.

1. Підготовка до відеодзвінків

- **Технічна готовність**: Завчасно перевірте інтернет-з'єднання, роботу мікрофона, камери та програмного забезпечення.
- **Фон і освітлення**: Оберіть чистий та нейтральний фон. Забезпечте гарне освітлення, яке дозволить вас чітко бачити.
- **Візуальний вигляд**: Обирайте відповідний діловий стиль одягу, навіть працюючи з дому. Це демонструє вашу повагу до учасників зустрічі.

2. Правила поведінки під час відеодзвінків

- **Пунктуальність**: Підключайтеся вчасно. Якщо ви запізнюєтеся, заздалегідь попередьте організатора.
- **Використання мікрофона**: Вимикайте мікрофон, коли не говорите, щоб уникнути фонових шумів.

- **Візуальний контакт**: Дивіться в камеру під час розмови, щоб створити відчуття прямого контакту.
- **Активна участь**: Слухайте уважно, не перебивайте, беріть участь у дискусії, коли це доречно.

3. Онлайн-спілкування у текстових форматах

- **Чіткість і ввічливість**: Використовуйте зрозумілу мову й уникайте двозначностей. Завжди вітайтеся та дякуйте.
- **Швидкість відповіді**: Намагайтеся відповідати на повідомлення та запити в розумні терміни, щоб не створювати затримок у роботі.
- **Стиль спілкування**: Уникайте неформального тону в офіційному контексті, навіть якщо платформа дозволяє використовувати емодзі чи скорочення.

4. Етикет групових відеоконференцій

- **Дотримання порядку денного**: Підготуйтеся до обговорюваних питань і дотримуйтеся запланованого часу.
- **Демократичність**: Давайте можливість висловитися кожному учаснику. Не монополізуйте розмову.
- **Зберігайте професійність**: Уникайте сторонніх розмов, недоречних коментарів або дій, які можуть відволікати.

5. Запобігання технічним незручностям

- **Резервні плани**: У разі технічних проблем повідомте організатора та спробуйте перепідключитися.
- **Документація зустрічі**: За потреби записуйте ключові моменти або зберігайте чат для подальшого використання.

Дотримання цих норм забезпечує ефективність онлайн-взаємодії, сприяє збереженню професійного іміджу та покращує робочу атмосферу, навіть у віртуальному середовищі.

Дистанційна робота відкриває нові можливості, але водночас вимагає від працівників адаптації до сучасних норм професійної поведінки в онлайн-середовищі. Дотримання онлайн-етикету є ключовим фактором, який забезпечує ефективність комунікації, продуктивність співпраці та збереження позитивного іміджу.

Професіоналізм у віртуальному середовищі проявляється через організованість, пунктуальність, чітке планування робочого процесу та уважне ставлення до колег і партнерів. Норми відеозустрічей, зокрема технічна готовність, охайність зовнішнього вигляду й активна участь, допомагають підтримувати високий рівень взаємодії.

Онлайн-спілкування, як у текстових форматах, так і під час відеозв'язку, повинно залишатися зрозумілим, ввічливим та прозорим. Забезпечення конфіденційності та відповідальне ставлення до робочих даних є обов'язковими стандартами професійної роботи на відстані.

Дистанційна робота й онлайн-етикет — це не лише про технічні навички, але й про вміння створювати довірливу й продуктивну атмосферу навіть у віртуальному просторі. Вони сприяють зміцненню командної взаємодії, розвитку кар'єри та досягненню спільних цілей організації.

10. ЯК БУТИ ДУШЕЮ КОМПАНІЇ

Бути душею компанії — це мистецтво створювати приємну атмосферу та знаходити спільну мову з людьми. Це не означає постійно бути в центрі уваги, але це здатність об'єднувати людей, заряджати їх позитивною енергією та створювати відчуття комфорту й гармонії.

1. Будьте щирими

- Завжди залишайтеся собою. Люди цінують природність і відчувають, коли спілкування є справжнім.
- Виявляйте інтерес до інших, ставте питання, слухайте з увагою.

2. Позитивність і гумор

- Поширюйте позитивний настрій, але не ставайте занадто нав'язливими.
- Вміння доречно жартувати та сміятися допомагає зближувати людей.

3. Відчуття такту

- Поважайте особистий простір і переконуйтесь, що ваші слова чи дії нікого не ображають.
- Не перебивайте, давайте іншим висловитися.

4. Допомога і підтримка

- Пропонуйте свою допомогу, коли бачите, що комусь потрібна підтримка.
- Заохочуйте інших ділитися своїми думками, мріями або проблемами.

5. Будьте активними учасниками подій

- Ініціюйте цікаві обговорення або активності, які згуртовують колектив.
- Пропонуйте ідеї для зустрічей, святкувань чи тімбілдінгів.

6. Розвивайте навички емпатії

- Відчувайте настрій групи, підлаштовуйте свою поведінку під ситуацію.
- Вчіться розуміти почуття інших, це допомагає створити довірливу атмосферу.

7. Різноманітність інтересів

- Майте широке коло захоплень, щоб мати можливість знайти спільні теми з різними людьми.
- Діліться своїм досвідом, але не домінуйте в розмові.

Бути душею компанії — це, перш за все, вміння відчувати людей і знаходити спільний позитивний настрій. Це про взаємну повагу, відкритість і бажання робити оточуючих щасливішими.

Секрети харизми на роботі

Харизма — це не лише природний дар, а й набір навичок, які можна розвивати. У професійному середовищі харизматичні люди здатні надихати, ефективно комунікувати та створювати сприятливу атмосферу. Ось ключові секрети харизми на роботі:

1. Самовпевненість без зарозумілості

- **Проявляйте впевненість у своїх діях і словах.** Але при цьому будьте відкритими до думок інших, не здавайтеся самозакоханими.
- Підтримуйте пряму поставу, дивіться співрозмовнику в очі, говоріть чітко й переконливо.

2. Щирий інтерес до інших

- Ставте запитання, які демонструють вашу зацікавленість у співрозмовнику.
- Активно слухайте: кивайте, підтримуйте зоровий контакт і час від часу уточнюйте чи перефразовуйте сказане.

3. Емоційний інтелект

- Харизматична людина завжди чутлива до емоцій інших. Будьте емпатичними та уважними до настрою колег.
- Використовуйте гумор доречно, щоб розрядити напружені моменти.

4. Здатність мотивувати

- Харизматичні лідери вміють надихати інших через свої цінності, цілі та приклад.
- Використовуйте позитивну мову, яка підтримує колективний дух і сприяє продуктивності.

5. Ефективна невербальна комунікація

- Посмішка, відкриті жести та впевнений, але не агресивний тон голосу підсилюють вашу харизму.
- Слідкуйте за мовою тіла: уникайте схрещених рук і постійного погляду на телефон.

6. Професійна автентичність

- Будьте собою, але намагайтеся залишатися в рамках професійного етикету.
- Харизма вимагає чесності та узгодженості слів і дій.

7. Оптимізм і гнучкість

- Підтримуйте позитивний настрій навіть у складних ситуаціях.
- Здатність швидко адаптуватися до змін і вирішувати проблеми — це ознака харизматичної особистості.

8. Вміння надихати через історії

- Використовуйте цікаві історії та приклади для пояснення ідей. Це робить ваші слова більш переконливими.

- Наприклад, розповіді про власний досвід допомагають створити довіру та повагу.

9. Будьте джерелом підтримки

- Пропонуйте допомогу, коли вона потрібна. Харизма проявляється у вмінні підтримати та згуртувати інших.

Уміння надихати та підтримувати командний дух

Вміння надихати колектив і зберігати командний дух є важливим для лідера або будь-якого члена команди, який прагне досягати спільних цілей. Ефективне натхнення підвищує мотивацію, згуртованість і продуктивність, сприяючи створенню здорового та позитивного робочого середовища.

1. Демонстрація особистого прикладу

- Показуйте своїм прикладом високий рівень відданості та професіоналізму.
- Продуктивна енергія лідера заряджає інших, надихаючи їх працювати краще.

2. Чітке формулювання спільних цілей

- Пояснюйте, як індивідуальні зусилля кожного впливають на загальний успіх команди.
- Встановлюйте досяжні й зрозумілі цілі, які об'єднують команду.

3. Визнання досягнень

- Регулярно відзначайте успіхи членів команди, незалежно від їхнього масштабу.
- Дякуйте за внесок кожного, щоб кожен відчував свою значущість.

4. Емоційна підтримка

- Виявляйте емпатію та увагу до проблем колег.
- Підтримуйте позитивний настрій, навіть у складних обставинах, показуючи віру в можливість подолати труднощі.

5. Створення атмосфери довіри

- Заохочуйте відкриту комунікацію та вільний обмін ідеями.
- Демонструйте справедливість і повагу до кожного учасника команди.

6. Заохочення ініціативності

- Давайте членам команди свободу висловлювати свої ідеї й приймати рішення.
- Підтримуйте прагнення до інновацій та саморозвитку.

7. Розвиток командної взаємодії

- Організовуйте спільні заходи, які зміцнюють згуртованість колективу.

- Створюйте простір для співпраці, щоб кожен відчував себе частиною єдиного механізму.

8. Оптимізм і мотивація

- Поширюйте позитивне ставлення до роботи та досягнення цілей.
- Надихайте на досягнення високих результатів через підтримку та віру в команду.

9. Регулярний зворотний зв'язок

- Надавайте конструктивний зворотний зв'язок, що мотивує розвиватися.
- Вислуховуйте думки команди та адаптуйте свої дії відповідно до потреб колективу.

Вміння надихати та підтримувати командний дух — це мистецтво, яке полягає у вмінні бачити сильні сторони інших, підкреслювати їхню цінність та об'єднувати людей заради спільної мети. Це не лише ключ до успіху колективу, але й запорука гармонійних робочих відносин.

Збереження позитивного настрою за будь-яких обставин

Позитивний настрій — це основа продуктивності, гармонійної комунікації та психологічного комфорту в будь-якій ситуації. У роботі та особистому житті зберігати оптимізм навіть у стресових чи несприятливих умовах є важливою навичкою.

1. Контроль емоцій

- Навчіться розпізнавати свої емоції та зберігати спокій у складних ситуаціях.
- Використовуйте техніки дихання або коротку медитацію, щоб швидко знизити рівень стресу.

2. Фокус на вирішення проблем

- Замість того щоб зациклюватися на негативах, сконцентруйтеся на пошуку шляхів розв'язання проблем.
- Перетворюйте виклики на можливості для зростання та вдосконалення.

3. Практика вдячності

- Щодня знаходьте приводи для вдячності: маленькі досягнення, підтримку колег чи власні успіхи.
- Вдячність допомагає зосередитися на позитивному та знижує рівень негативних емоцій.

4. Дружнє спілкування

- Спілкуйтеся з людьми, які підтримують позитивну атмосферу. Уникайте пліток і негативу.
- Навіть у складних ситуаціях залишайтеся ввічливими й конструктивними.

5. Самоіронія та гумор

- Уміння посміятися над собою чи ситуацією допомагає зберігати легкість і знижувати напругу.
- Доречний гумор може стати чудовим способом розрядити обстановку в колективі.

6. Турбота про себе

- Збалансований режим дня, регулярні фізичні вправи та здорове харчування позитивно впливають на емоційний стан.
- Забезпечуйте собі повноцінний відпочинок і підтримуйте робочо-життєвий баланс.

7. Навчання стійкості

- Розвивайте навички стійкості: уявляйте складні ситуації як тимчасові.
- Вчіться знаходити уроки навіть у невдачах.

8. Надихайте інших

- Створюйте позитивну атмосферу для колег через доброзичливість і підтримку.
- Хваліть інших за досягнення, будьте джерелом натхнення.

9. Візуалізація успіху

- Уявляйте позитивний результат своїх дій і кроки, які приведуть до нього.

- Візуалізація допомагає налаштуватися на досягнення цілей.

Збереження позитивного настрою навіть за несприятливих обставин — це не лише про емоційний контроль, але й про здатність створювати сприятливе середовище для себе та оточуючих. Це сприяє ефективній роботі, зменшує стрес і допомагає будувати довірливі стосунки в колективі.

Бути душею компанії, володіти харизмою, вміти надихати команду та зберігати позитивний настрій — це навички, які визначають сильну особистість і професіонала. Вони не тільки сприяють створенню сприятливої атмосфери в колективі, а й допомагають формувати продуктивні робочі відносини.

Харизматична людина здатна залучити увагу, мотивувати колег і показувати, як долати виклики з оптимізмом. Уміння підтримувати командний дух об'єднує співробітників навколо спільних цілей, підвищує рівень довіри та співпраці. Збереження позитиву навіть у складних умовах допомагає команді долати стрес і зосереджуватись на розв'язанні завдань.

Ці якості не є вродженими, їх можна розвивати через постійну роботу над собою, повагу до оточуючих і прагнення бути прикладом для інших. Такий підхід формує справжню душу компанії, яка заряджає енергією, підтримує і надихає на досягнення спільних успіхів.

11. ВИСНОВОК

ОСОБИСТИЙ ЕТИКЕТ ЯК КЛЮЧ ДО ПРОФЕСІЙНОГО УСПІХУ

Особистий етикет відіграє вирішальну роль у професійному житті, оскільки він визначає не лише те, як ви спілкуєтеся з іншими, але й те, як до вас ставляться колеги, керівники та партнери. Це не лише набір формальних правил, а й відображення вашого ставлення до себе та до оточуючих, яке формує загальний імідж на роботі. Правильне поводження, ввічливість, дотримання норм поведінки у спілкуванні й вміння створювати комфортне середовище для інших — це основа не лише успішної кар'єри, але й гармонійних стосунків у будь-якому колективі.

Створення комфортної та шанобливої атмосфери

Створення комфортної і шанобливої атмосфери на робочому місці залежить від багатьох факторів, але особистий етикет є одним із найважливіших. Він допомагає підтримувати баланс між професіоналізмом і людяністю, дозволяючи уникати конфліктів, непорозумінь та стресу. Вміння слухати, виявляти повагу до думки інших, дотримуватися меж у спілкуванні та правильно реагувати на будь-які ситуації сприяє створенню здорової робочої атмосфери.

Водночас, дотримання етикету показує вашу здатність бути лідером та командним гравцем одночасно. Це підвищує вашу професійну репутацію, створюючи основу для успішних ділових стосунків, налагодження партнерств та досягнення високих результатів. Особистий етикет також включає в себе здатність підтримувати командний дух, знаходити компроміси в конфліктах і завжди бути на висоті в будь-яких професійних ситуаціях.

Загалом, особистий етикет не лише допомагає уникати непорозумінь і створює комфортну атмосферу на роботі, але й визначає ваші перспективи в професійній сфері, надаючи вам можливість бути справжнім лідером у колективі.

www.ingramcontent.com/pod-product-compliance
Lightning Source LLC
Chambersburg PA
CBHW071404220526
45469CB00004B/1159